ADICCIÓN AL TRABAJO

Cómo Evitar ser Esclavo de tu Trabajo,
Negocio o Jefe y Recuperar tu Vida

MARK RILEY

Índice

Introducción

Mantener un equilibrio saludable entre el trabajo y la vida es algo por lo que todos debemos esforzarnos. Como el tiempo es un recurso limitado en la vida, no puedes darte el lujo de desperdiciarlo; en cambio, debes aceptar lo que debes hacer y, lo que es más importante, asegurarte de hacerlo lo antes posible.

Pero, antes de que puedas dejar de perder el tiempo, debes comprender por qué lo desperdicias en primer lugar. Muy a menudo, tendemos a perder el tiempo debido a nuestro miedo al fracaso. Pero hay más.

Algunas personas temen no poder recuperarse de sus fracasos y continuar con sus vidas como antes. Otras personas temen lo que pensarán los demás si persiguen una meta y no la alcanzan. Para superar tales miedos, primero debes comprender que el fracaso es uno de los dos posibles resultados normales de tus esfuerzos, siendo ambos igualmente probables.

Y, la mayoría de las veces, ninguno está realmente bajo tu control. A veces, tendrás éxito gracias a la suerte, a pesar de no esforzarte demasiado. Otras veces, fallarás debido a circunstancias desafortunadas a pesar de tus mejores esfuerzos. Al final, lo único que puedes hacer es aprovechar al máximo tu tiempo y hacer lo mejor que puedas: trabajar duro, aprender a disfrutar tus éxitos y aprender a aprender de tus fracasos.

Además, recuerda que la única opinión que importa es la tuya. Después de todo, serás tú quien tenga que vivir con tus elecciones y los resultados de tus acciones, y lo más probable es que estés más satisfecho/a si eres el responsable de ellas.

Una vez que te hayas liberado de las presiones del éxito/fracaso y de la opinión de los demás, puedes dejar de perder el tiempo y comenzar a construir tu vida usando el tiempo sabiamente.

Un buen equilibrio entre el trabajo y la vida personal te permite esforzarte para cumplir tus objetivos laborales sin perder de vista todo aquello que vale la pena de la vida, como la familia, los amigos, los momentos de relajación y ocio y las pequeñas o grandes pasiones que mantenemos.

Nuestro ritmo de vida tan acelerado y tan motivado por el dinero y la perfección pueden llegar a hacernos perder de vista estos aspectos que, en realidad, son prioritarios para lograr alcanzar una vida plena. Claro que el éxito profesional es importante, pero no lo lograrás si lo único que sucede en tu vida es el trabajo.

A lo largo de este libro, encontraremos maneras de

mejorar la relación con tu trabajo y, en el camino, seguramente te darás cuenta de que en realidad puedes ser muy
feliz si te permites ajustar tu vida al balance adecuado.

El balance que necesitas

Estar satisfecho/a con tu trabajo implica tener una mejor calidad de vida laboral. Pero, el hecho de que ames tu trabajo no significa que debas descuidar tu vida amorosa o las relaciones con tu familia y amigos. Mantener un equilibrio entre el trabajo y la vida también es esencial.

El concepto de calidad de vida laboral, también conocido como calidad de vida laboral (QWL, por sus siglas en inglés), se acuñó por primera vez en 1972, en la conferencia de Relaciones Laborales Internacionales.

Durante la década de 1970, se entendía a la QWL en términos de relación entre el hombre y su trabajo; era un concepto que implicaba un sentimiento de satisfacción y motivación en el puesto de trabajo. Era conjunto de consecuencias beneficiosas de la vida laboral para el individuo, la organización en la que trabajaba y, por ende, la sociedad.

Durante la década de 1980, se consideró para definir a la QWL el nivel en el que los empleados eran capaces de satisfacer sus necesidades personales, no solo en términos de asuntos materiales, sino también de respeto por sí mismos, satisfacción y oportunidad de utilizar sus talentos para contribuir al crecimiento personal.

Era una forma de pensar sobre las personas, el trabajo y las organizaciones. Sus elementos distintivos eran una preocupación por el impacto del trabajo en las personas, así como la eficacia organizacional, la idea de participación en la resolución de problemas organizacionales y la toma de decisiones.

Se presentaba bajo dos perspectivas: como una meta y un proceso organizacional. Como meta, la QWL era el compromiso de cualquier organización con la mejora del trabajo: la creación de puestos y entornos de trabajo más participativos, satisfactorios y efectivos para las personas en todos los niveles. Y como un proceso, la QWL exigía un esfuerzo para lograr este objetivo a través de la participación activa de las personas en toda la organización.

Durante la década de 1990, este concepto significó algo diferente para todos y cada uno de los individuos, y variaba según la edad del individuo, la etapa de su carrera y/o su posición en la industria.

. . .

Sin embargo, se consideraba esencial el grado en que los individuos eran capaces de satisfacer sus necesidades personales importantes. La forma de pensar sobre los demás, el trabajo y la organización que se preocupa por el bienestar de los trabajadores y la eficacia organizacional.

Durante la década de 2000, se habló sobre un entorno de trabajo favorable que apoyase y promoviera la satisfacción al proporcionar a los empleados recompensas, seguridad laboral y oportunidades de crecimiento profesional. Se identificaba una variedad de necesidades a través de recursos, actividades y resultados derivados de la participación en el lugar de trabajo.

Durante la década de 2010, se consideró una combinación de estrategias, procedimientos y ambiente relacionado con un lugar de trabajo que, en conjunto, mejoraran y mantuviesen la satisfacción de los empleados con el objetivo de mejorar las condiciones de trabajo de los empleados de las organizaciones.

La medida percibida era aquella en la que los empleados pudieran satisfacer sus necesidades personales importantes a través de sus actividades en el lugar de trabajo y experiencias en la organización; considerando las actitudes de los empleados hacia su trabajo, pero especialmente los resultados de su trabajo, incluida la satisfacción laboral, la salud mental y la seguridad, pues estos aspectos influían directamente en los resultados de la organización.

• • •

Ahora, de acuerdo con la investigación de Calidad de Vida Laboral y Desempeño Organizacional, la calidad de vida laboral está claramente ligada a elementos tales como satisfacción laboral, motivación, productividad, salud, seguridad laboral, y seguridad y bienestar.

La misma investigación sugiere que, a grandes rasgos, la calidad de vida laboral consta de cuatro componentes principales: un ambiente de trabajo seguro, cuidado de la salud en el trabajo, tiempo de trabajo adecuado, y un salario adecuado.

Pero, para algunos autores, la parte crucial de la calidad de la vida laboral es el equilibrio entre la vida laboral y personal (WLB), por sus siglas en inglés. Durante las últimas dos décadas, ha habido un aumento en el trabajo, debido a factores como la incertidumbre económica y la reestructuración organizacional.

Es así que, junto con el exceso de trabajo presente en los últimos años, la cuestión del balance entre el trabajo y la vida ha comenzado a ganar importancia.

Se habló de que lograr experiencias satisfactorias en todos los dominios de la vida requiere recursos personales como energía, tiempo y compromiso para estar bien distribuidos entre los dominios.

. . .

Así, se busca la satisfacción y el buen funcionamiento en el trabajo y en el hogar, con un mínimo de conflicto de roles.

El balance se define bajo la medida en que una persona puede equilibrar simultáneamente las demandas emocionales, de comportamiento y de tiempo del trabajo remunerado, las responsabilidades personales y familiares.

El equilibrio trabajo-vida se refiere entonces al nivel de priorización entre las actividades personales y profesionales en la vida de un individuo y el nivel en el que las actividades relacionadas con su trabajo están presentes en el hogar.

El equilibrio ideal entre el trabajo y la vida está abierto a discusión. El librepensador Paul Krassner dijo que los antropólogos a menudo definen la felicidad como una diferenciación mínima o nula entre la vida profesional y personal de un individuo.

El equilibrio entre el trabajo y la vida es un tema de actualidad debido a la mayor cantidad de tecnología que elimina la importancia de la ubicación física en la definición del equilibrio entre el trabajo y la vida. Anteriormente era difícil o imposible llevar trabajo a casa, por lo que había una línea clara entre lo profesional y lo personal.

El aumento de la tecnología móvil, el software basado en la nube y la proliferación de Internet ha hecho que sea mucho más fácil para los empleados estar "permanentemente" en el trabajo, borrando la distinción entre lo profesional y lo personal. Algunos comentaristas argumentan que los teléfonos inteligentes y el acceso "siempre activo" al lugar de trabajo han reemplazado el control autoritario de los gerentes.

El estrés es una característica común de un mal equilibrio entre el trabajo y la vida. En la economía de la información, el estrés mental se ha identificado como un importante problema económico y de salud, causado por la necesidad percibida de los empleados de hacer más en menos tiempo.

Un tema clave en el debate sobre el equilibrio entre el trabajo y la vida es dónde recae la responsabilidad de garantizar que los empleados tengan un buen equilibrio entre el trabajo y la vida. El sentimiento general es que los empleadores tienen una responsabilidad con la salud de sus empleados; aparte de la responsabilidad moral, los empleados estresados son menos productivos y más propensos a cometer errores.

Hablando de equilibrio entre el trabajo y la vida personal, Gallinsky señala que hay cuatro partes esenciales en la vida individual: personalidades propias, trabajo, familia y sociedad. Es vital prestar la misma atención a cada parte esencial.

Por ejemplo, las personas adictas al trabajo no pasan suficiente tiempo con sus familias. Por lo tanto, estas personas no pueden tener éxito ya que hay un desequilibrio en sus vidas. Según el profesor de Harvard Richard Walton, existen 11 características principales que afectan la calidad de vida laboral.

1. La actitud de un empleado

Un empleado que trabaja en un puesto en particular debe tener las habilidades, el conocimiento y la experiencia adecuados para ese puesto. Al mismo tiempo, un trabajador necesita estar dispuesto a aprender.

2. Compensación justa y seguridad laboral

Las compensaciones que reciben los empleados deben estar en línea con sus conocimientos, habilidades, experiencia y desempeño.

Cuando la compensación no es proporcional a estas cualidades, esto puede resultar en el descontento de los empleados y la disminución de la productividad de un trabajador. Además, cuando los empleados cuentan con un empleo permanente, este tipo de seguridad laboral mejora la calidad de vida laboral de los trabajadores.

3. Oportunidades de crecimiento personal y profesional

· · ·

Las empresas deben garantizar que sus empleados tengan la oportunidad de desarrollar sus conocimientos y habilidades a través de programas de capacitación y desarrollo.

4. El equilibrio entre la vida personal y profesional

Las organizaciones deben asegurarse de que los empleados no se sientan abrumados por el trabajo para que los trabajadores puedan lograr un equilibrio entre la vida profesional y personal. De esta manera, los empleados también evitarán el agotamiento.

5. Naturaleza del trabajo

Algunos empleados pueden tener empleos que se sienten rutinarios y monótonos.

Por otro lado, están aquellos trabajadores cuya naturaleza del trabajo implica creatividad y proactividad. Entonces, dependiendo de la naturaleza del trabajo, la calidad de la vida laboral de los empleados puede disminuir o mejorar.

6. Nivel de estrés

Si los empleados experimentan altos niveles de estrés, su productividad y rendimiento disminuirán. Esto también tendrá efectos negativos en la calidad de vida laboral de los trabajadores.

· · ·

7. Riesgo y recompensa

Walton afirma que los trabajos arriesgados y desafiantes deben pagarse más en comparación con los trabajos que exigen menos riesgo y desafío. Además, las recompensas que obtienen los empleados deben ser proporcionales a los riesgos y desafíos de ese trabajo.

8.Estilo participativo de liderazgo

Los empleados deben sentirse parte de una organización.

De esa forma, los trabajadores se sentirían libres de compartir sus ideas con los gerentes. Por lo tanto, este tipo de relación mejora los procesos de trabajo en general.

9. Perspectivas de carrera

Los empleadores deben recompensar a los trabajadores que se desempeñan bien. Esta recompensa asegura el crecimiento profesional de un empleado, como la promoción.

10. Diversión en el lugar de trabajo

· · ·

Los empleados deben sentirse relajados en el lugar de trabajo. Por lo tanto, depende de los empleadores organizar noches de juegos ocasionales o actividades similares que ayuden a los trabajadores a relajarse.

11. Técnicas alternativas de organización del trabajo

Tener horarios de trabajo flexibles y aprovechar una semana laboral comprimida implica una mejor calidad de vida laboral de los empleados.

Por lo tanto, la calidad de la vida laboral está relacionada con el desempeño de los empleados, el aumento de la productividad y la satisfacción general en el trabajo. De acuerdo con Jeff Davidson, un autor experto en el equilibrio entre el trabajo y la vida, hay seis elementos del equilibrio entre el trabajo y la vida.

Autogestión

Cuidar de las necesidades personales, como comer, dormir, hacer ejercicio, juega un papel importante en el equilibrio entre el trabajo y la vida. Por ejemplo, cuando no duermes bien, estás cansado/a y eso también afecta tu trabajo. Y, lo que es más importante, la forma en que gestionas tus propias necesidades depende únicamente de ti.

. . .

Gestión del tiempo

Decidir las prioridades y cómo terminarás todas las tareas a tiempo puede ser un desafío. Al mismo tiempo, también debes ocuparte de tareas personales. Davidson sugiere establecer metas y seleccionar tareas importantes y urgentes y trabajar en ellas primero. Esta es la esencia de la técnica de la matriz de Eisenhower, que puede mejorar tus habilidades de gestión del tiempo.

Manejo del estrés

Escuchar varios ruidos en el lugar de trabajo y lidiar con las distracciones, ya sea de otros colegas o del exterior, puede estresarte. Entonces, para disminuir tus niveles de estrés, necesitas encontrar una manera de adaptarte a este tipo de entorno. Además, Davidson señala que debes evitar la multitarea porque cambiar entre proyectos y tareas también puede ser estresante.

Cambio de gerencia

No importa dónde trabajes y qué hagas, es probable que tu trabajo requiera que te acostumbres a los cambios frecuentes. Para administrar mejor estos cambios, debes asegurarte de que el volumen del cambio no te abrume. Esto también se aplica a cualquier modificación en tu vida privada.

• • •

Gestión de la tecnología

La tecnología que utilizas debe hacer tu vida más fácil, no más complicada. Recuerda que la tecnología la mandas tú, no al revés.

Gestión del tiempo libre

Tomarte un tiempo libre es un elemento vital para lograr un equilibrio entre el trabajo y la vida personal. Además, asegúrate de dedicar tu tiempo libre a realizar diversas actividades, para evitar la monotonía.

Sin embargo, el equilibrio entre el trabajo y la vida puede cambiar dependiendo de tu entorno de trabajo. Por lo tanto, evaluaremos cómo se ve el equilibrio entre el trabajo y la vida en un entorno de oficina, en caso de trabajo remoto o cuando se tiene un horario flexible.

Primero, aclaremos la diferencia entre trabajo flexible y remoto. El trabajo flexible implica que establezcas tu propio horario de trabajo y puedas elegir dónde realizarás tus tareas: en la oficina, en casa o en cualquier otro lugar. Por lo tanto, cuando se trata de un entorno de trabajo flexible, la ubicación no es importante, siempre que termines tus tareas, y es así que puedes dividir tus días de trabajo pasando tiempo tanto en una oficina como en casa.

· · ·

Por otro lado, trabajar de forma remota significa tener la opción de elegir tu lugar de trabajo (oficina en casa, biblioteca, espacio de *coworking*). A su vez, el horario de trabajo puede ser fijo o flexible, según la política de la empresa.

Entonces, ¿el trabajo remoto tiene un impacto positivo en el equilibrio entre la vida laboral y personal?

Algunos estudios así lo demuestran. La empresa *Owl Labs* analizó a 1,202 trabajadores de tiempo completo en Estados Unidos. Más de la mitad de estos empleados (62%) eran trabajadores remotos.

Una de las razones clave por las que los empleados de teletrabajo eligieron este entorno de trabajo fue por un mejor equilibrio entre el trabajo y la vida. De hecho, el 91% de los participantes comparte esta opinión. Otra encuesta también encontró que el trabajo remoto aumenta el equilibrio entre el trabajo y la vida.

Si bien el teletrabajo significa un mejor equilibrio entre el trabajo y la vida personal para algunos empleados, a otros les resulta difícil establecer límites entre el trabajo y el tiempo libre. Una de las razones más comunes por las que los trabajadores remotos no pueden tener un equilibrio adecuado entre el trabajo y la vida es lidiar con correos electrónicos y chats después del trabajo.

He aquí por qué: cuando trabajan de forma remota, algunos empleados sienten que tienen que demostrar su valía más que cuando trabajan en el sitio. Por lo tanto, es más probable que respondan a cualquier correo electrónico que reciban después de las horas de trabajo.

La Oficina Nacional de Investigación Económica (NBER) investigó sobre los empleados que trabajan desde casa y cómo usan los canales de comunicación digital. Esta vasta investigación incluyó a 3,143,270 personas de 16 grandes áreas metropolitanas en América del Norte, Europa y Medio Oriente. Estos conocimientos se recopilaron del 8 al 25 de marzo de 2020 (durante el periodo de bloqueo por Covid-19).

Los resultados mostraron que hubo un aumento del 8,3 % en los correos electrónicos enviados fuera del horario comercial, en comparación con el tiempo previo al confinamiento.

Y, como consecuencia, la jornada laboral media se hizo 48,5 minutos más larga.

Además de este estudio, Microsoft realizó el informe del índice de tendencia del trabajo. Este informe recopiló datos de 6,000 empleados, tanto trabajadores de primera línea como remotos de ocho países (Australia, Brasil, Alemania, Japón, India, Singapur, Reino Unido y EE. UU.). El informe recopiló información de marzo a agosto de 2020.

. . .

Según sus hallazgos, los empleados luchan por encontrar una separación clara entre el trabajo y la vida, pues de acuerdo a su informe, se ha duplicado el número de usuarios de *Teams* que envían correos o mensajes fuera del horario laboral. Hubo un crecimiento del 69% en el número de chats por persona, fuera de horario, y además el número de reuniones y llamadas por semana es mucho mayor que antes, para ser exactos, hay un aumento del 55%.

Hablando de comunicación remota, otra encuesta enfatiza este tema. Como se indica en la investigación de la *London South Bank University*, la comunicación remota puede tener un efecto negativo en el bienestar de los empleados en el trabajo. Este estudio incluyó a 102 trabajadores remotos del Reino Unido, que fueron encuestados durante 10 días.

El objetivo de esta encuesta fue analizar los niveles de exposición a la comunicación remota. Los resultados demostraron que el teletrabajo está directamente relacionado con mayores niveles de cansancio, lo que los investigadores denominan "fatiga de zoom". Por lo tanto, los trabajadores remotos necesitan más tiempo para recuperarse, en comparación con los empleados en el sitio.

Dado que las video llamadas exigen niveles más altos de autocontrol, estas formas de comunicación son más agotadoras que lidiar con otros métodos de colaboración, como correos electrónicos o chats. Por lo tanto, incluso si estas videoconferencias se realizan durante el horario laboral, los trabajadores pueden sentirse abrumados si tienen dema-siadas llamadas.

En su estudio reciente, *Airtasker* evaluó a 1004 empleados de tiempo completo de los Estados Unidos, de los cuales 505 eran teletrabajadores. Esta encuesta demostró que encontrar un equilibrio entre el trabajo y la vida parece ser un problema para muchos trabajadores.

De acuerdo con sus resultados, el 29% de personas con trabajos remotos y el 23% de los trabajadores de oficina no fueron capaces de equilibrar estas dos áreas. Algunas posibles razones para no haber logrado este equilibrio podrían ser el experimentar estrés y ansiedad durante la jornada laboral, sentirse abrumados y salir temprano del trabajo por eso, o tener poca motivación para trabajar, lo que resulta en trabajo salteado.

En su encuesta *Work-Life-Relationship*, la empresa *FlexJobs* exploró, entre otras categorías, el equilibrio entre la vida laboral y personal de los empleados con un entorno de trabajo flexible y los que no lo tienen. Sus hallazgos sugieren que el equilibrio entre el trabajo y la vida es la razón principal por la que los trabajadores buscan trabajos flexibles. De hecho, el 67% de los encuestados lo dijo.

Ahora, según sus resultados, las áreas clave que muestran diferencias entre los empleados con opciones de trabajo flexibles y los que no las tienen son el equilibrio trabajo-vida, los niveles de estrés y el equilibrio entre el trabajo y la vida personal, y la relación con su jefe.

Esta encuesta demuestra que el equilibrio entre la vida laboral y personal aumenta, mientras que los niveles de estrés disminuyen cuando se tiene un horario de trabajo flexible. Además, las relaciones empleado-jefe varían según el entorno de trabajo de un empleado.

Pero, además de los entornos laborales, otro factor que puede afectar su enfoque del equilibrio entre el trabajo y la vida es su edad. Los estudios muestran que diversas generaciones tienen una comprensión diferente del equilibrio entre el trabajo y la vida.

El equilibrio entre el trabajo y la vida es un ciclo, no un logro. La investigación ha demostrado definitivamente que el exceso de trabajo no es bueno para los empleados ni para sus empresas y, sin embargo, en la práctica, puede ser difícil superar los hábitos de trabajo poco saludables y lograr un equilibrio más sostenible entre la vida laboral y personal.

A pesar de la contundente evidencia de que trabajar muchas horas puede ser perjudicial tanto para los empleados como para los empleadores, muchos profesionales aún luchan por superar sus suposiciones y sus hábitos profundamente arraigados en torno a las horas de trabajo. ¿Qué se necesita para liberarse de estos patrones poco saludables y alcanzar un equilibrio entre el trabajo y la vida más sostenible y gratificante?

. . .

Existe una investigación en la que se realizaron casi 200 entrevistas a profundidad con 78 profesionales de las oficinas de Londres de una firma de abogados global y una firma de contabilidad. Se habló con un igual número de hombres y mujeres, y la mayoría de los entrevistados tenían entre 30 y 50 años, con al menos un hijo a cargo, y ocupaban cargos de dirección media o alta.

La mayoría de los entrevistados describieron sus trabajos como muy exigentes, agotadores y caóticos, y parecían dar por sentado que trabajar muchas horas era necesario para su éxito profesional. Sin embargo, aproximadamente el 30% de los hombres y el 50% de las mujeres de la muestra parecían resistirse conscientemente a trabajar muchas horas, y describieron una variedad de estrategias que desarrollaron para mantener un equilibrio más saludable entre el trabajo y la vida.

Si bien los detalles de cada caso individual diferían, esta investigación sugirió un proceso mental común que ayudó constantemente a este grupo de profesionales a cambiar la forma en que trabajaban y vivían para mejor.

En un alto nivel, la investigación mostró que lograr un mejor equilibrio entre las prioridades profesionales y personales se reduce a una combinación de reflexividad, o cuestionar suposiciones para aumentar la autoconciencia, y la redefinición intencional de roles.

Es importante destacar que la investigación sugiere que

esta no es una solución única, sino un ciclo en el que debemos participar continuamente a medida que evolucionan nuestras circunstancias y prioridades.

Pausar y des-normalizar

Da un paso atrás y pregúntate: ¿Qué me está causando estrés, desequilibrio o insatisfacción actualmente? ¿Cómo afectan estas circunstancias mi desempeño y mi compromiso con mi trabajo? ¿Cómo están impactando en mi vida personal? ¿Qué estoy priorizando? ¿Qué estoy sacrificando? ¿Qué me estoy perdiendo? Solo después de hacer una pausa mental y reconocer estos factores, puedes comenzar a abordarlos.

Por ejemplo, después de varios años de intensa concentración en su carrera, Mayra, asociada sénior de un bufete de abogados, describió sentirse como si hubiera tocado fondo. Fue solo en este punto que pudo reconocer el costo que su exceso de trabajo había estado afectando a su familia, y a su propia salud mental y física.

De manera similar, su pareja legal, Kate, expresó que luego del nacimiento de su hijo, experimentó un gran cambio mental.

Reconoció que, si bien la idea de "debo trabajar, debo trabajar, debo trabajar" había sido adoctrinada en ella, ahora era consciente del "choque" entre esta idea y dónde estaba ahora como madre.

Este evento que cambió su vida fue el ímpetu que necesitaba para dar un paso atrás, tomar conciencia del desajuste entre su situación actual y sus prioridades personales, y comenzar a des-normalizar su hábito de trabajar muchas horas.

Por supuesto, la mayoría de los profesionales con los que te cruces llevarán vidas muy ocupadas. Muchos de ellos podrían decir que normalmente no tienen ni el tiempo ni la energía para detenerse a reflexionar, e incluso podrían expresar su agradecimiento por el espacio de reflexión que les permitiría el proceso mismo de hacerse estas preguntas.

Pero si bien a menudo es un evento importante de la vida, como el nacimiento de un hijo o la muerte de un ser querido, lo que cataliza estas realizaciones, es posible hacer una pausa y comenzar a repensar tus prioridades en cualquier momento.

Y aunque algunos profesionales pueden estar bien con largas horas de trabajo, tomarte el tiempo para pensar en estas preguntas y reconocer los sacrificios que has hecho (ya sea intencional o no) es útil para cualquiera que busque descubrir formas alternativas de trabajar y vivir.

. . .

Presta atención a tus emociones.

Una vez que hayas aumentado la conciencia sobre tu situación actual, examina cómo te hace sentir esa situación.

Pregúntate, ¿me siento energizado/a, realizado/a, satisfecho/a? ¿O me siento enojado/a, resentido/a, triste? Por ejemplo, puedes llegar a comprender que tu equilibrio actual entre el trabajo y la vida (o la falta del mismo) está generando algunas emociones bastante negativas.

Puede que sientas resentimiento y amargura, porque algo que fundamentalmente no es tan importante para la esencia de la vida te está quitando tiempo y minutos valiosos... y puede que este sentimiento se acentúe aún más cuando veas a alguien que ha perdido la vida o alguien a quien le han dicho que le queda poco tiempo para vivir.

Una comprensión racional de las decisiones y prioridades que impulsan tu vida es importante, pero igualmente importante es la reflexividad emocional, es decir, la capacidad de reconocer cómo te hace sentir una situación.

La conciencia de tu estado emocional es fundamental para determinar los cambios que quieres hacer en tu trabajo y en tu vida.

. . .

Vuelve a priorizar

Aumentar tu conciencia cognitiva y emocional te brinda las herramientas que necesitas para poner las cosas en perspectiva y determinar cómo deben ajustarse tus prioridades. Pregúntate: ¿Qué estoy en la disposición de sacrificar y por cuánto tiempo? Si he estado priorizando el trabajo sobre la familia, por ejemplo, ¿por qué siento que es importante priorizar mi vida de esta manera? ¿Es realmente necesario?

¿Es realmente inevitable? ¿De qué me arrepiento ya y de qué me arrepentiré si sigo por mi camino actual?

Nuestras prioridades a menudo cambian más rápido que nuestros hábitos diarios de asignación de tiempo. En las investigaciones, los entrevistados que describieron un equilibrio más positivo entre el trabajo y la vida personal volvieron a priorizar intencionalmente cómo pasaban su tiempo de una manera que se alineara con sus verdaderas prioridades.

Un participante describió cómo todavía se veía a sí mismo como un profesional, pero redefinió ese rol profesional para incluir más otros roles valiosos, como el de padre: *"Cuanto más entiendo realmente lo que es importante en la vida, y en realidad no es el trabajo, es, ya sabes, comprender la importancia relativa del trabajo. Todavía obtengo mucha satisfacción del trabajo, pero solía ser todo para mí, y ahora es menos de la mitad para mí"*.

· · ·

Considera tus alternativas

Antes de saltar a las soluciones, primero reflexiona sobre los aspectos de tu trabajo y vida que podrían ser diferentes para alinearse mejor con tus prioridades. ¿Hay componentes de tu trabajo que te gustaría ver cambiados? ¿Cuánto tiempo te gustaría pasar con tu familia o con tus pasatiempos?

Mejorar tu situación requiere tiempo y experimentación. Puede que el simplemente darte cuenta de que no estás estableciendo límites saludables te lleve mucho tiempo o tome muchas situaciones incómodas el llegar a un punto en el que te des cuenta de que todo puede ser mejorable. Probablemente sea incluso más tiempo de lo que pensabas o querías, pero lo importante es comenzar.

Implementa cambios

Finalmente, una vez que hayas reconocido tus prioridades y considerado cuidadosamente las opciones que podrían ayudarte a mejorar, es hora de actuar. Eso puede significar un cambio "público", algo que cambie explícitamente las expectativas de tus colegas, como asumir un nuevo rol diseñado para demandar menos tiempo o que permita un modelo de semana comprimida, o un cambio "privado", en el que cambies informalmente tus patrones de trabajo, sin intentar necesariamente cambiar las expectativas de tus colegas.

. . .

Se ha encontrado que tanto los cambios públicos como privados pueden ser estrategias efectivas, siempre que se implementen de manera sostenible. Para cambios privados, eso podría significar límites autoimpuestos (como optar por no trabajar por la noche, los fines de semana o durante las vacaciones, y apegarse a esa decisión) o rechazar demandas típicamente asociadas con alguna función (como nuevos proyectos o solicitudes de viaje), incluso cuando te sientas presionado/a para asumirlos.

Para los cambios públicos, en lugar de simplemente decirle a tu supervisor que quieres más tiempo libre o un horario más flexible; se busca obtener el apoyo de mentores, socios y compañeros de trabajo clave, o incluso mejor, solicitar formalmente un nuevo puesto interno o un esquema de trabajo flexible, que es probable que resulte en un cambio más duradero.

Es importante destacar que los cinco pasos descritos anteriormente no son una actividad de una sola vez, sino un ciclo de reevaluación y mejora continua. Especialmente si está bajo la influencia de una cultura abrumadora de largas horas de trabajo, es fácil volver a los "negocios de siempre" (ya sea una decisión consciente o inconsciente).

En las investigaciones, se ha descubierto que para que las personas realicen cambios reales en sus vidas, deben recordar continuamente hacer una pausa, conectarse con sus emociones, repensar sus prioridades, evaluar alternativas e implementar cambios, a lo largo de su vida personal y profesional.

2

Gestiona mejor tu tiempo

LA GESTIÓN eficaz del tiempo es el uso eficaz de tu tiempo, que te permite planificar tus días de tal manera que termines tu trabajo con menos esfuerzo y aproveches al máximo el tiempo limitado que tienes.

Cuando a una persona la faltan buenas habilidades de gestión del tiempo, es más probable que pierda los plazos de sus proyectos, produzca trabajo de baja calidad, se interrumpa su equilibrio entre el trabajo y la vida, se sienta más estresada, y, pensando en un muy mal caso, dañe su reputación profesional.

Saber cómo administrar tu tiempo correctamente es importante, ya que aporta una serie de grandes beneficios a tu rutina laboral y a tu vida en general.

. . .

Por ejemplo, la gestión del tiempo te ayuda a lograr lo que quieres más rápido: cuando comprendes la importancia de la gestión del tiempo, obtienes la motivación para dejar de sentarte y comenzar a perseguir tus objetivos. Como resultado de este arduo trabajo y la nueva motivación, alcanzarás tus metas más rápido.

La gestión del tiempo también te ayuda a hacer más, pero en menos tiempo. Cuando administras adecuadamente el tiempo, haces más, pero también ahorras más tiempo para actividades que realmente disfrutas. Asignar un período de tiempo específico, digamos 1 hora, a una tarea y ceñirte a tu plan tendrá un mejor efecto que trabajar en una tarea sin un intervalo de tiempo predefinido.

Esto también te ayuda a perder menos tiempo y evitar más fricciones y problemas. La gestión adecuada del tiempo incluye hacer una lista de tareas pendientes, asignar tiempo a cada elemento de tu lista de tareas pendientes y luego programar esas tareas en tu calendario. Al hacerlo, ya no estarás indeciso/a sobre lo que tienes que hacer a continuación y si tendrás que terminar todo lo que necesitas.

El gestionar de manera adecuada tu tiempo también te ayuda a despejar tu agenda para tener más tiempo libre y sentirte con más energía. Teniendo en cuenta que la gestión adecuada del tiempo te ayuda a terminar tu trabajo más rápido, descubrirás que ahora tienes más tiempo libre.

Más tiempo libre significará que tendrás más tiempo para pasar con tus seres queridos, practicar un pasatiempo o incluso irte de viaje al extranjero, lo que hará que te sientas con más energía y menos estresado/a.

Otro beneficio es que la gestión del tiempo te ayuda a sentirte más realizado/a y seguro/a de ti mismo/a. Cuando administras adecuadamente el tiempo, disfrutarás de la sensación de éxito que brinda una lista completa de tareas pendientes.

Cuando inviertas en la gestión adecuada del tiempo, te sentirás más capaz de hacer cualquier cosa en tu agenda.

Puedes hacer una lista de pendientes y ceñirte a ella. Verás cómo puedes estar a la altura de tus expectativas y, a su vez, sentirás un impulso de confianza en ti mismo/a acerca de tus habilidades.

Esta técnica también te ayuda a sentirte más tranquilo/a y menos estresado/a con el tiempo. Cuando administras adecuadamente el tiempo, no tienes que preocuparte por no cumplir con los plazos ni por olvidar los mandados, porque ya planeaste tu tiempo de tal manera que evita que ocurran tales contratiempos. Como resultado, te sentirás menos angustiado/a por tu carga de trabajo y más tranquilo/a por los resultados finales.

De igual manera, gestionar tu tiempo te ayuda a hacer un cambio en tu estilo de vida para mejor. La gestión adecuada del tiempo asegura que pases menos tiempo estando tan ocupado/a como si fueras una abeja, pero seas tan poco productivo/a como un perezoso en un día de descanso.

Podrás seleccionar tus prioridades y programar tu tiempo de tal manera que logres asistir al recital de tu hija y repasar algunos problemas cruciales del proyecto con un cliente. La gestión del tiempo es importante en la vida en general, pero es especialmente importante en el lugar de trabajo.

Administrando adecuadamente tu tiempo, disfrutarás de un gran número de beneficios, por ejemplo, no perderás plazos y citas. Los plazos y las citas suelen ser difíciles de seguir, y también es fácil pasarlos por alto si no se tiene cuidado.

Para mantenerte al día con tu trabajo y terminar a tiempo, debes asegurarte de comenzar a tiempo; también deberás asegurarte de dividir tu trabajo en partes manejables que podrás abordar en los períodos de tiempo predefinidos.

Tener todas tus citas y plazos en un solo lugar te ayuda a administrar mejor tu tiempo.

Otro beneficio es que te concentrarás más y procrastinarás menos. Cuando sepas que estás trabajando en un horario fijo con tareas asignadas a intervalos de tiempo específicos en el día, será más fácil para ti concentrarte, porque sabrás que tienes fechas límite personales para cumplir con cada tarea.

. . .

Como resultado, retrasarás mucho menos el trabajo en dichas tareas. Por lo tanto, aprenderás a lidiar con la procrastinación de manera más efectiva. Además, evitarás el estrés no deseado: correr para vencer una fecha límite es estresante porque no sabes si tendrás éxito, pero una buena gestión del tiempo te ayuda a ver tu jornada laboral no como un todo, sino como un conjunto de tareas que debes realizar.

Una vez que hayas establecido todas tus tareas de esa manera, con el tiempo específico que necesitará para terminar cada una de ellas, será más fácil señalar prioridades y hacer arreglos que aseguren minimizar ese estrés.

Hacer cambios significativos en la vida y en el trabajo puede ser difícil, pero también es necesario. Además, ayudas a mantener tu reputación profesional, porque aceptémoslo, incumplir plazos, olvidar reuniones y apresurar proyectos es un resultado esperado de una mala gestión del tiempo, uno que probablemente hará mella en tu reputación si se prolonga por el tiempo suficiente.

Pero, la gestión adecuada del tiempo erradica estas posibilidades y te ayuda a construir y mantener tu reputación profesional. Además, hay más en tu negocio que solo los plazos del proyecto; por ejemplo, deberás asegurarte de pagar los impuestos a tiempo.

. . .

Es decir, a menos que desees pagar una tarifa adicional del 5% por cada mes que se retrase tu declaración. Si asignas un espacio de tiempo específico en tu calendario para manejar impuestos y otros gastos en tu negocio, evitarás cualquier penalización.

La gestión eficiente del tiempo implica que harás un horario oficial para tu día. Y, cuando divides tu día entre tus obligaciones laborales y asuntos personales en papel, estás un paso gigante más cerca de establecer un equilibrio claro entre el trabajo y la vida. Uno que te asegure de que realmente encuentres tiempo para ambos.

Esa es la esencia de la importancia de la gestión del tiempo, pero también deberás profundizar en el problema de la gestión del tiempo para poder cambiar tu estilo de vida para mejor.

En otras palabras, tendrás que dejar de perder el tiempo y empezar a usarlo sabiamente.

Una vez que hayas dejado de perder el tiempo en lugar de sumergirte en la acción, querrás aprender a usarlo de manera inteligente, utilizando las habilidades y técnicas de administración del tiempo adecuadas.

Para profundizar en la gestión eficaz del tiempo, prueba estos 15 consejos prácticos. Siempre hay espacio para mejorar tus habilidades de gestión del tiempo, algunos consejos te funcionarán y otros no.

1. Sé consciente de ti mismo/a

La autoconciencia representa la base de tus otras habilidades: sin ser consciente de tus fortalezas y debilidades actuales, nunca podrás evaluar y mejorar tus otras habilidades, por lo que nunca podrás mejorar tu vida. Además, quizás aún más importante, a menos que estés consciente de lo que quieres lograr, no podrás planificar los pasos que te llevarán a tus metas.

Puedes, entonces, comenzar por mantener un diario.

Escribe tus pensamientos, sueños y metas a lo largo del tiempo; también escribe tus fortalezas y debilidades. Piensa en cómo disminuir tus debilidades, o convertirlas en fortalezas, y cómo aprovecharlas al máximo.

2. Establece tus metas

Una vez que te hayas dado cuenta de lo que quieres, convierte tus deseos en metas concretas.

Si sabes exactamente a dónde quieres ir, será mucho más fácil entender cómo puedes llegar mejor allí. Además, un objetivo fijo de este tipo te ahorrará mucho tiempo que de otro modo perderías en divagaciones y digresiones sin sentido.

. . .

Aquí es donde el diario mencionado anteriormente puede ser útil. Repasa lo que has escrito hasta ahora y define tus objetivos: si fuiste honesto/a acerca de tus sueños en tu diario, entonces podrás identificar tus objetivos.

3. Guárdate tus objetivos para ti mismo/a

Puedes pensar que mantener tus metas en privado es contraproducente; después de todo, ¿no es un dicho común que, si quieres que tus sueños se hagan realidad, debes compartirlos con los demás? Pero, es exactamente lo contrario de eso.

De acuerdo con Derek Sivers y varios estudios, las personas que declaran sus objetivos al mundo son estadísticamente menos propensos a alcanzar dichos objetivos.

Esto está relacionado con el hecho de que las personas persiguen objetivos debido a la satisfacción que sienten cuando los alcanzan, y las personas que anuncian cuáles son sus objetivos, ya sienten esta satisfacción, lo que dificulta que realmente alcancen sus objetivos.

Entonces, la próxima vez que sientas la necesidad de contarle a alguien sobre tus sueños, metas y aspiraciones, simplemente no lo hagas. Puede que esto no parezca una técnica lógica de gestión del tiempo, pero, estadísticamente, es eficaz.

. . .

4. Auto-motívate

Una vez que te hayas dado cuenta de tus deseos y resuelto tus objetivos, el siguiente paso es motivarte para perseguir esos objetivos. Después de todo, si no crees que eres capaz de lograr tus metas, ¿cómo las lograrás? Piensa positivamente en alcanzar tus metas, define un premio que te esperará al final de tu viaje, y recuerda creer en ti mismo/a.

5. Haz planes

Si tus objetivos son el destino final al que intentas llegar con la ayuda de una gestión adecuada del tiempo, entonces la planificación es el primer paso activo en ese camino. A menos que hagas un plan, es más probable que te pierdas y, por lo tanto, más probable que fracases: con planes, sabrás lo que necesitas lograr y cuándo.

Para hacer tus planes, debes evaluar tus objetivos una vez más: enumera las tareas y acciones que te ayudarán a alcanzar tus objetivos y elimina todo lo que creas que es una distracción.

6. Toma decisiones

A menos que decidas qué camino quieres tomar, casi nunca pasarás la intersección. Pero, como esperar y procrastinar no te lleva a ninguna parte, es mejor que reúnas el coraje y tomes una decisión. Si administras tu tiempo correctamente, no te sentirás tan presionado/a por el tiempo y no te sentirás tan presionado/a al tomar decisiones, por lo que tomarás mejores decisiones con tu vida en general.

. . .

Esta es una pregunta difícil, especialmente si te gusta tomarte tu tiempo antes de tomar decisiones y si a menudo no estás seguro/a de qué hacer a continuación. Pero aquí es donde el plan que trazaste anteriormente puede ayudarte. Si no estás seguro/a de qué decisión tomar, pregúntate: "¿Cuál es el primer paso que debo dar que me llevará al siguiente punto de mi plan?"

7. Cuestiona tus elecciones

Entonces, has tomado algunas decisiones en el camino hacia tus metas, pero ¿siempre estás seguro/a de que son las decisiones correctas?

Después de todo, la decisión equivocada puede alejarte de tus objetivos y hacerte perder un tiempo precioso.

Simplemente pregúntate:

- ¿Está esta decisión en línea con mis objetivos?
- ¿Cuáles son los riesgos?
- ¿Los beneficios de esta decisión superan los riesgos?
- ¿Qué tan comprometido/a estoy con mi elección?

Al final, a menos que te gusten las respuestas, no sigas con lo que te habías propuesto anteriormente; te ahorrarás mucho tiempo que luego dedicarías a reparar las consecuencias de tus elecciones equivocadas.

8. Prioriza y organiza

A menos que priorices y te concentres en tus tareas, no podrás saber cuáles de estas tareas son urgentes e importantes para alcanzar tus metas. Existen varios métodos de priorización, por lo que puedes elegir.

Puedes comenzar con una matriz Eisenhower, la solución que te permite distinguir lo importante de lo urgente (pero no importante). Otra solución es hacer primero la tarea más difícil o peor del día como una forma de levantar la moral.

También está la técnica Pomodoro, una gran solución para domar a los procrastinadores en serie. Una técnica simple pero efectiva es el bloqueo del tiempo: funciona mejor en el contexto de tomar el control de tu tiempo y lograr un mejor equilibrio entre el trabajo y la vida.

9. Concéntrate primero en las tareas importantes

Una vez que hayas priorizado y organizado lo que es realmente importante, el siguiente paso es concentrarte en tus prioridades: si dejas que tu mente se desvíe hacia otras acciones menos importantes, difícilmente terminarás lo que comenzaste.

Algunas acciones a considerar:

- Cuando estés en el trabajo, cierra todas las pestañas en tu navegador, excepto en la que estés trabajando actualmente.

- Apaga tu teléfono inteligente y centra toda tu atención en tu trabajo.
- Dependiendo de tus prioridades actuales, apaga tu computadora portátil y concentra tu atención en tus seres queridos.
- Si haces una cosa a la vez al máximo, podrás decir que has empleado bien tu tiempo.

El centrar toda tu atención en una u otra actividad tendrá, sin duda alguna, mejores resultados para ti.

No solo terminarás más rápido, sino que todas tus tareas estarán mejor hechas.

10. Haz un seguimiento del tiempo que dedicas a las tareas

La gestión eficaz del tiempo debe tener algo que ver con el seguimiento del tiempo que dedicas a tus tareas diarias, ¿verdad? En esencia, sí. A menudo estamos presionados por el tiempo, por lo que la forma en que se gasta debe optimizarse.

Aquí es donde el software de seguimiento de tiempo es útil.

El seguimiento de tu tiempo viene con una serie de beneficios, pero mencionemos solo algunos: aumenta la motivación y la productividad, estimula una mejor organización y priorización, especialmente en equipos remotos; fomenta los buenos hábitos y acaba con los malos, da enfoque y te ayuda a mantenerte al día con tu horario.

. . .

También te ayuda a comprender mejor tus habilidades de gestión del tiempo, te ayuda a comprender tus limitaciones y evita que pierdas el tiempo. Existen softwares de seguimiento de tiempo que pueden ayudarte a realizar un seguimiento de tu tiempo de manera fácil y efectiva.

El software en sí ofrece un montón de funciones útiles, como un registro de tiempo, calendario y programación, todo lo cual puede ayudarte a mantenerte organizado/a y al tanto de tus tareas. Al realizar un seguimiento del tiempo regularmente y analizar tu progreso, mejorarás tus habilidades de administración del tiempo, aumentarás tu productividad y terminarás los proyectos a tiempo.

11. Evita trabajar muchas horas

Imagina este escenario: tienes mucho trabajo que realizar en este momento, y tienes la tentación de sacrificar tu tiempo para hacerlo todo. Eliges trabajar más horas o durante el fin de semana para tener éxito, creyendo que es solo por un corto tiempo, pero el trabajo sigue acumulándose: siempre tienes mucho que hacer y nunca puedes terminar en los plazos preestablecidos.

Sigues haciendo esto porque no hay salida: ya te has convertido en parte de un círculo vicioso. Comienzas a experimentar problemas de salud, nunca puedes ver a tus amigos o familiares y te sientes deprimido/a por eso. Si te has reconocido en esto, significa que eres víctima del exceso de trabajo. También significa que estás en camino de agotarte, por lo que es hora de un descanso y un rebobinado.

Es fácil permitir que nuestras responsabilidades nos abrumen, pero eso no significa que debamos dejar que pase. Reconsidera tus prioridades y propón pasos prácticos para hacer frente a todo el trabajo que tienes que hacer.

Puedes empezar por reconocer que estás trabajando más tiempo del que deberías: este paso siempre resulta ser el más difícil. Posteriormente, debes aprender cuándo decir 'no' a más tareas y responsabilidades, a delegar proyectos y tareas cuando tengas mucho que hacer o se acerque una fecha límite y pedir ayuda cuando creas que la necesitas.

Si crees que tú o alguien de tu equipo está trabajando más de lo debido, hay una manera fácil de comprobarlo. Prueba mantener un registro de tus horas de trabajo en todos los proyectos y ver cuánto tiempo dedicas a cada tarea.

12. Maneja tu estrés

Esencialmente, el estrés es un factor inútil que no te lleva a ninguna parte. Incluso si te preocupas constantemente por tus elecciones y decisiones, los resultados de tus esfuerzos serán los mismos. Si no hay nada que puedas hacer para controlar la situación, también debes evitar estresarte por ello.

• • •

Lidiar adecuadamente con el estrés cotidiano debe ser tu principal prioridad, especialmente si deseas evitar los problemas de salud graves o el agotamiento de los que acabamos de hablar. ¿Qué implica el manejo del estrés? Mantener tu mente alejada de tus problemas cuando no estás trabajando activamente en ellos.

También implica pasar tiempo con amigos y familiares, probar un nuevo pasatiempo, reír y divertirte un poco. La gestión del tiempo y la gestión del estrés a menudo están entrelazadas: cuando tienes el control de tu tiempo, te sientes menos estresado/a, y menos estrés te ayuda a llevar una vida más sana y relajada.

Cuando reduzcas tus niveles de estrés, te sentirás más capaz de abordar tus problemas en la vida más rápido y ahorrarás más tiempo en el proceso.

13. Ten paciencia

En estos tiempos frenéticos en los que se nos anima a ser rápidos (pero efectivos) y audaces (pero infalibles), la paciencia rara vez se considera una virtud. Así como postergar la toma de decisiones te hace perder tiempo, tratar de cruzar la línea de meta lo más rápido posible te hace tomar decisiones equivocadas.

Al ser paciente de vez en cuando, dejarás claro tu compromiso con el éxito y disminuirás la posibilidad de cometer errores en el camino.

. . .

Primero, piensa por qué estás tan impaciente. ¿Es tan importante lo que estás esperando que tienes que pensar en ello constantemente y dedicar todo tu tiempo a esperar?

Lo más probable es que no lo sea. En cambio, puedes enfocar tu atención y energía en un aspecto diferente de tu vida; después de todo, esperar sin rumbo por algo que no puede cambiar o acelerar es la mayor pérdida de tiempo de todas.

14. Hacer frente a los problemas y desafíos

Los problemas y desafíos se interponen en el camino limpio hacia tus objetivos. A menos que aprendas a superarlos, no podrás seguir adelante. Y, si tratas de eludirlos sin abordarlos, es probable que te hagan tropezar en algún lugar más adelante en el camino.

Hay una solución para cada problema, así que no dejes piedra sin remover cuando busques soluciones a tus problemas. También puedes intentar evaluar el problema desde todos los ángulos, llamar a tus amigos y familiares para que te ayuden, abordar tus problemas lo más rápido posible y ser persistente en la búsqueda de las mejores soluciones para cada problema.

Hablar con tus compañeros y pedirles su opinión y consejo es también una buena opción para lidiar con los problemas.

También, debes tomar en cuenta que es importante saber cuándo es un buen momento para parar.

15. Colabora y comunica

Es posible que tengas más control si haces algo por ti mismo/a, pero eso no significa que puedas o incluso que debas hacer algo por ti mismo/a. Comunicarte y colaborar con compañeros y colegas te ayuda a hacer más en menos tiempo, porque hay más de ti haciéndolo.

Lo mismo ocurre con tus amigos y familiares: puedes ahorrar mucho tiempo en la vida si dejas que tus seres queridos te ayuden, ya sea directamente o con sus consejos y orientación. Si tienes un problema que no puedes resolver por ti mismo/a, solicita ayuda.

Sé directo/a, usa palabras simples y trata de comunicar (si eso no está claro de inmediato) por qué algo es importante para ti. A veces tienes que recurrir a otras personas para que te ayuden a llevar una vida mejor, y eso está completamente bien.

En conclusión, una buena gestión del tiempo nos ayuda a mantener el control en la vida. Cuando tienes el control de tu tiempo, te sientes más en control de tu vida: tener el control de tu vida te da poder y libertad, y la gestión del tiempo te ayuda a mantener este control.

Eventualmente, el desempeño de tu gestión del tiempo depende principalmente de tus esfuerzos y se reduce a tu

capacidad para disfrutar tus éxitos y aprender de tus fracasos. A veces fallarás y a veces tendrás éxito, así es como
funciona la vida. Pero la gestión adecuada del tiempo te
ayudará a minimizar tus pérdidas y aumentará la probabi-
lidad de éxito, y esa es su principal importancia.

3

Desarrolla al líder dentro de ti

Cualquiera puede sentarse en una oficina de la esquina y delegar tareas, pero el liderazgo efectivo es más que eso. Los líderes efectivos tienen un gran impacto no solo en los miembros del equipo que administran, sino también en la empresa en su conjunto, y esto también tendrá repercusiones en tu trabajo diario.

Saber liderar te ayudará a despejar un poco las grandes cantidades de trabajo que te abruman, pues no sólo sabrás cómo delegar mejor las múltiples tareas que deben hacerse, pero reconocerás al equipo con el que trabajas y ellos te reconocerán a ti.

Los empleados que trabajan con grandes líderes tienden a ser más felices, más productivos y más conectados con su organización, y esto tiene un efecto dominó que llega al resultado final de su empresa.

Hay muchas pruebas de fuego para un gran líder, pero

realmente hay que observar a quienes los rodean: ¿están creciendo, convirtiéndose en mejores líderes, motivados, etc.?

Si miras a tu alrededor y ves que los miembros de tu equipo se han desconectado o estancado en su trabajo, puede ser hora de reevaluar y reformar tus estrategias. Algunos signos de que puedes tener una estrategia de liderazgo deficiente son que nadie en tu equipo ha criticado una de tus ideas en el último mes o que dedicas más tiempo a planificar tu propia progresión profesional que la de los miembros de tu equipo.

También puede ser que no hayas tenido al menos tres conversaciones semanales que no estén relacionadas con el trabajo con un miembro del equipo o que diferentes miembros del equipo den respuestas diferentes si se les preguntara cuáles son sus tres prioridades principales para el año. Otra señal es que los miembros del equipo tengan miedo de fallar.

Un estudio reciente realizado por el Centro para el Liderazgo Creativo mostró que aproximadamente entre el 38 % y más de la mitad de los nuevos líderes fracasan en los primeros 18 meses.

Los líderes pueden evitar convertirse en parte de esta asombrosa estadística al incorporar buenas estrategias de liderazgo que motiven a los miembros de su equipo a lograr sus objetivos.

Incluso aunque en este momento no estés liderando a un equipo, las siguientes recomendaciones ayudarán a desarrollar tu liderazgo, cualidad que te será sumamente útil dentro de cualquier rol que desempeñes en tu trabajo.

Participa en una comunicación honesta y abierta

Uno de los elementos más importantes de un liderazgo efectivo es crear una línea abierta de comunicación con los miembros de tu equipo. Tu propia honestidad y transparencia deben servir como ejemplo para los miembros de tu equipo.

De acuerdo con el fundador de Teclogiq, cuando eres responsable de un equipo de personas, es importante ser directo/a, pues tu empresa y sus empleados son un reflejo de ti mismo/a, y si haces del comportamiento honesto y ético un valor clave, tu equipo te seguirá.

Los grandes líderes pueden personalizar sus interacciones y estilos de comunicación para adaptarse a cada situación y miembro del equipo, según las preferencias individuales. Esto significa que se toman el tiempo para averiguar qué modo de comunicación prefiere cada miembro del equipo, por ejemplo, ¿son una persona de texto, correo electrónico, teléfono o cara a cara? También son grandes oyentes y están auténticamente interesados en otras personas.

Mostrar habilidades de comunicación activa y transparencia puede generar confianza entre tu equipo y mejorar la moral general. Hay muchos estilos de liderazgo; no hay bien y mal, pero sí los hay genuinos y los falsos. No hay seguidores para el liderazgo falso.

Mantener una comunicación honesta y directa inspira a los empleados a corresponder. Cada miembro del equipo puede tener un estilo de comunicación diferente, por lo que es importante adaptar tu comunicación en función de la persona.

Conéctate con los miembros de tu equipo

Liderar un grupo de personas requiere un sentido mutuo de confianza y comprensión entre el líder y los miembros de su equipo. Para lograr esto, los líderes deben aprender a conectarse. Ser un líder "más humano" requiere positividad, propósito, empatía, compasión, humildad y amor.

Estos rasgos clave te pondrán en el camino hacia conexiones genuinas con los miembros de tu equipo.

· · ·

Construir una conexión real y personal con tus compañeros de equipo es vital para desarrollar la confianza compartida necesaria para construir una sólida cultura de responsabilidad y desempeño excepcional. Con esa cultura establecida, el equipo puede lograr un negocio exitoso, un equipo feliz y un líder realizado.

Para construir una conexión con cada uno de los miembros de tu equipo, concéntrate en conocer su personalidad, intereses, fortalezas, debilidades, pasatiempos y preferencias. Esto puede darte una idea de sus objetivos y motivaciones.

Los líderes exitosos permiten que sus equipos desarrollen autonomía y agreguen valor de acuerdo con sus propias fortalezas personales. Ser capaz de reconocer las fortalezas de las personas dentro de tu equipo y permitirles ser responsables no solo aumenta la confianza de los empleados en sí mismos y en su líder, sino que también aumenta su desempeño.

Fomentar el crecimiento personal y profesional

Actuar como animador/a de tu equipo es una parte importante de ser un líder eficaz. Debes invertir en su éxito y crecimiento. El CEO de *Abbracci Group* dijo que los líderes deben reservar un presupuesto, aunque sea pequeño, para dedicarlo al crecimiento de sus empleados.

. . .

Con opciones tan variadas como opciones a pedido, virtuales y en persona, existe una amplia oportunidad para continuar aprendiendo nuevas habilidades o desarrollar aún más las existentes. Es necesario empoderar a los compañeros para que se tomen el tiempo de aprender e infundir eso en el trabajo que realizan.

Además de invertir financieramente en el crecimiento de tus compañeros, debes invertir emocionalmente. Los grandes líderes capacitan a sus empleados para crecer al brindarles oportunidades desafiantes y guiarlos según sea necesario.

Para motivar e inspirar a los empleados, la estrategia de liderazgo consiste en empoderar a otros para que den lo mejor de sí mismos y asuman nuevos desafíos. A los empleados les gustan los retos y sentir la satisfacción de superarlos. Ya sea que se trate de un cliente difícil, una venta difícil, una situación difícil o cualquier otro caso, siempre es bueno dejar que asuman estos desafíos.

Cuando los líderes creen en sus empleados y les dan la oportunidad de aprender y crecer, se sorprenderán de todo lo que pueden lograr. No temas delegar tareas y fomenta la libertad y la creatividad.

Mantén una actitud positiva

· · ·

Por mucho que los líderes deseen que las operaciones diarias de su equipo funcionen sin problemas todo el tiempo, es probable que se encuentren con obstáculos ocasionales. Ya sea que se trate de una falta de comunicación menor o de un error importante, la forma en que maneja una situación negativa dice mucho sobre sus habilidades de liderazgo.

Es mejor centrarse en lo bueno en cualquier conjunto de circunstancias. Observa tres cosas positivas sobre un problema antes de identificar lo que lo hace insatisfactorio. Cuanto más miras los aspectos positivos de un problema, más positivamente reaccionan las personas entre sí.

Después de que las personas señalan las cosas con las que están felices en una situación problemática, no se sienten tan convencidas del problema y pueden pensar con mayor claridad y resolverlo. Lo mismo ocurre cuando un líder necesita mejorar su estrategia.

Si tú o un miembro del equipo se da cuenta de que un curso de acción en particular que han tomado no funciona, averigüen algunas cosas que hayan hecho en el pasado que hayan funcionado.

Centrarse en las soluciones, en lugar de en los problemas, puede ayudar a tu equipo a mantener un compromiso positivo. Es más probable que un entorno positivo cree una fuerza laboral más comprometida y productiva. Al mostrar entusiasmo y confianza, un buen líder verá el impacto que puede tener en su entorno de trabajo.

Enseñar a los empleados en lugar de dar órdenes

Un líder efectivo sabe cómo mostrar a los demás lo que se requiere, en lugar de simplemente decirles. Los líderes deben entrenar a los miembros de su equipo hacia un entorno de trabajo más colaborativo y comprometido, sin persuadirlos.

Controlar a las personas para que hagan ciertas cosas de cierta manera, no te darán el nivel de compromiso que estás buscando. El coaching se trata de ayudar a las personas que lideras a reconocer las opciones que tienen frente a ellos. La gente entonces se responsabilizará en gran medida de la dirección del proyecto.

En lugar de simplemente ladrar órdenes a los miembros del equipo, los buenos líderes deben alentar el crecimiento mediante la enseñanza. La gente no crecería si los líderes nunca les enseñaran nada. Los líderes deben estar enseñando para que puedan formar nuevos líderes que tomen su lugar.

Establece metas y expectativas claras para los empleados

. . .

Establecer objetivos claros y expectativas de los empleados para tu equipo es clave para el éxito de los empleados. Al establecer estos objetivos, fomenta las preguntas y los comentarios de los empleados. Incluirlos en el proceso puede aumentar el compromiso.

Los buenos líderes también explicarán la visión de la empresa y cómo las metas de los miembros del equipo encajan en esa ecuación. Para que un líder motive e inspire, necesita mantener a su equipo al tanto de su visión; esto ayuda a los empleados a comprender el resultado final por el que están trabajando como unidad.

Cuando los objetivos están claramente establecidos, todos pueden seguir el progreso e identificar los logros de manera tangible. Así que es importante explicar cómo estos objetivos impactan a la organización en su conjunto.

Independientemente del nivel de antigüedad, todos los empleados deberían poder articular cómo el trabajo que realizan respalda el éxito de la empresa.

No se debe permitir que los objetivos de los miembros del equipo se queden estáticos. Revisa periódicamente los objetivos para modificarlos o reorganizarlos según sea necesario. Esto permitirá que los miembros de tu equipo sepan que estás presente y consciente de lo que están trabajando.

. . .

Al establecer estos objetivos, alienta las preguntas y los comentarios de los empleados. Incluirlos en el proceso puede aumentar el compromiso.

Dar retroalimentación directa sobre el desempeño

La retroalimentación directa y honesta, incluso si se trata de una crítica, es la mejor manera de guiar a tu equipo en la dirección correcta. También necesitas saber exactamente hacia dónde se dirige tu negocio para poder brindarles el asesoramiento adecuado.

Si no eres directo/a, la gente no sabrá lo que realmente piensas sobre ellos y su trabajo, y nunca podrán mejorar.

Si no sabes la dirección precisa a la que se dirige tu empresa, no importa cuánto hayas comunicado a tus empleados y equipo de liderazgo con respecto a su desempeño individual, se tambalearán cuando se trate de tomar decisiones y emprender acciones.

Una vez que esos principios básicos estén establecidos, los plazos, los planes regulares de productos, las revisiones de desempeño, la estructura y los procesos se pueden implementar fácilmente. Además de proporcionar comentarios constructivos y revisiones de desempeño, destaca los logros de los empleados. Si un miembro del equipo hace algo grandioso, hazlo saber. Celebra sus victorias y agradéceles por su arduo trabajo.

El reconocimiento positivo creará un ambiente de productividad. Reconocer los éxitos describiendo cómo impactan en el negocio, en lugar de palmaditas vagas en la espalda, no solo es alentador, sino que también ayuda a una persona a trabajar mejor a largo plazo.

Pide retroalimentación sobre tu liderazgo

Los miembros de tu equipo no son los únicos que pueden beneficiarse de una retroalimentación honesta.

Una verdadera autoevaluación de tu liderazgo puede ser difícil, por lo que los mentores, compañeros profesionales e incluso tu propio personal son invaluables para evaluar tu eficacia. Hablar con amigos y compañeros puede brindarte la perspectiva necesaria sobre tu estilo y enfoque de liderazgo.

El coaching de liderazgo también puede ayudarte a descubrir áreas en las que necesitas mejorar. Un profesional que te ayude a desarrollar un plan para alcanzar tus metas de liderazgo puede ser más motivador que solo libros y seminarios.

. . .

El coaching permite a los líderes hacer la conexión y aplicar cambios en un entorno de la vida real. Se necesita tiempo para integrar, procesar y reflexionar, y a menos que sigas esos pasos, no tendrás un cambio sostenible. Tu equipo puede brindarte una visión crítica de lo que funciona, lo que no funciona y las obstrucciones que debes superar para lograr el éxito.

Mantén tu apertura a nuevas ideas

Los buenos líderes tienen la inteligencia emocional para comprender y aceptar que el cambio es inevitable. En lugar de tratar de mantener un statu quo solo por el bien de la consistencia, adopta el cambio y la innovación.

Debes abrirte a nuevas ideas y formas alternativas de pensar. Todos aportan una perspectiva única a la mesa, y eso es algo que se debe aprovechar, no desalentar.

Cuando tienes la apertura a escuchar los pensamientos del talento que te rodea es cuando realmente aceptas todas las posibilidades y el potencial. Ve las cosas hasta el final.

Comprende que habrá errores en el camino, pero si algo no funciona, trata de averiguar por qué y cómo antes de desecharlo.

Al resolver un problema, anima a los miembros del equipo a que brinden sus puntos de vista. Cuando los empleados sienten que pueden aportar abiertamente nuevas ideas, la verdadera innovación, el compromiso y el éxito pueden prevalecer.

Alienta a tus empleados o compañeros a traer nuevas ideas y perspectivas a la mesa. Al hacerlo, empoderas a tu equipo para que sea más innovador e invierta en el crecimiento de la empresa, y ayudar a fomentar el trabajo real en equipo.

Entiende tu propia motivación

Si una persona en una posición de liderazgo ve su rol como "simplemente un trabajo", se notará. Para ser un líder eficaz, necesitas la motivación adecuada. ¿Es el dinero o el prestigio lo que te importa, o deseas sinceramente inspirar a la gente a dar lo mejor de sí?

Pregúntate por qué quieres liderar. Puedes pensar en el liderazgo como un honor y una vocación. Si, en tu corazón, sientes que el liderazgo es tu destino y que harás una diferencia en este mundo, entonces ciertamente estás comenzando desde el lugar correcto.

Además de lo que te motiva, es importante saber qué disminuye tu energía. Conocer tus fortalezas y debilidades te ayuda a diversificar tu equipo y obtener una cartera completa de habilidades. Recuerda que ser un buen líder lleva tiempo.

. . .

Aunque algunas personas se inclinan naturalmente a tener buenas habilidades de liderazgo, es algo que cualquiera puede aprender y mejorar. Con trabajo duro, dedicación y planificación estratégica, puedes llevar a tu equipo al éxito y repartir el trabajo de acuerdo a sus mejores cualidades.

4

Respeta tus días de descanso

EL TIEMPO LIBRE DE CALIDAD, alejarte realmente del trabajo y hacer otras cosas que disfrutas, es vital para tu salud y tu éxito como trabajador/a. Es igualmente importante para cualquier jefe o empleado, especialmente en términos de motivación, según una gran cantidad de investigaciones sobre el tema.

Sin embargo, el ritmo de trabajo contemporáneo tiende a desalentar el tiempo libre, y los estadounidenses lo toman mucho menos que la gente en la mayoría de los demás países. Entre los efectos negativos: los empleados que no tienen suficiente tiempo libre simplemente pierden el tiempo en el trabajo.

La investigación más reciente revela que las personas que se quedan trabajando en los días libres tradicionales, especialmente cuando saben que otros se están tomando un descanso, terminan disfrutando menos de su trabajo.

. . .

Pasar los fines de semana o las vacaciones trabajando socava uno de los factores más importantes que determina si las personas persisten en su trabajo: la motivación intrínseca.

Las personas se sienten intrínsecamente motivadas cuando participan en actividades que encuentran interesantes, agradables y significativas.

Los datos muestran que trabajar durante el tiempo libre crea un conflicto interno entre la búsqueda de objetivos personales y profesionales, lo que hace que las personas disfruten menos de su trabajo. Si realmente debes trabajar un fin de semana o durante un día festivo, puede ser útil pensar en ese momento como "tiempo de trabajo". Reetiquetar el tiempo en tu mente ayuda a frenar la decepción que, de otro modo, socava la motivación.

Una percepción errónea común es que las personas que aman su trabajo no necesitan tomarse un tiempo libre. Sin embargo, cada vez hay más pruebas que apuntan a los beneficios de tomarse un tiempo libre para todos, independientemente de nuestra motivación laboral.

En todo caso, aquellos que trabajan no solo por razones extrínsecas como la compensación financiera, sino también por razones intrínsecas como dirigir el negocio de sus sueños, corren un mayor riesgo de trabajar en exceso, no tomarse tiempo libre y, lo que es peor, ser maltratados por las organizaciones.

Junto con las vacaciones, es importante dejar espacio para pequeños descansos y momentos para desconectar del trabajo. Un factor importante es la comunicación en equipo y el encontrar formas de coordinar la carga de trabajo y la disponibilidad laboral.

La idea de que debemos estar disponibles y trabajando las 24 horas del día, los 7 días de la semana es contraproducente y perpetúa culturas de trabajo poco saludables.

Cuando nos sentimos presionados por el tiempo y abrumados, tendemos a involucrarnos en comportamientos que van en nuestra contra, como hacer tareas pequeñas y triviales o realizar múltiples tareas en lugar de abordar las tareas más importantes.

Estas estrategias pueden funcionar a corto plazo, pero como ha demostrado la investigación, tienden a perjudicar la productividad a largo plazo.

Y tiene sentido si lo piensas: si no estás bien descansado/a y concentrado/a, tu velocidad y precisión disminuirán y tu trabajo será propenso a más errores que con el tiempo pueden dañar seriamente no solo tu bienestar sino también tu carrera profesional.

. . .

Es importante entonces que te hagas las siguientes preguntas: ¿Puedes delegar parte de tu trabajo a tu equipo?

¿Cuáles son las tareas más importantes a abordar? ¿Qué momentos del día eres menos productivo/a y podrías aprovechar esos momentos para desconectar?

Entonces, diríamos que se trata menos de estar disponible todo el tiempo y más de una comunicación clara y alineación de cuándo estás disponible y cuándo no, qué es importante lograr y cuándo, y las herramientas que tienes a la mano para hacer esto posible.

Para el típico empleado, o para el propietario de una pequeña empresa, incluso un día libre ocasional (o un fin de semana o una semana) es suficiente. Existe otro concepto erróneo que muchos de nosotros tenemos, como si las vacaciones fueran una herramienta mágica que puede impulsarnos durante todo el año: las vacaciones son una herramienta necesaria pero no suficiente para lidiar con el estrés y evitar el agotamiento.

Esto se debe en parte a que los efectos de las vacaciones desaparecen después de unos días. Junto con las vacaciones, es importante dejar espacio para pequeños descansos y momentos para desconectar del trabajo.

. . .

Es igualmente importante hacer espacio para el trabajo importante durante las horas de trabajo (aquí se describe una estrategia). Se han realizado grandes estudios de campo sobre esta estrategia y se ha descubierto que puede disminuir el agotamiento en un 6 % y aumentar el rendimiento auto-informado en un 10 %.

No hay una cantidad mínima u óptima de tiempo libre. Sin embargo, es importante tomar descansos frecuentes tanto durante como fuera del trabajo, y asegurarte de que esos descansos se aprovechen bien, lo que significa participar en actividades de ocio activas como hacer ejercicio o socializar con amigos y familiares, tratando de evitar fragmentar tu tiempo libre consultando el correo electrónico o medios de comunicación social.

Para que los beneficios del tiempo libre realmente surjan, es importante estar presente. Es absolutamente crucial hacer espacio para el tiempo libre a fin de garantizar la productividad y el compromiso a largo plazo.

Hay investigaciones que sugieren que las personas que se toman tiempo libre en realidad encuentran un mayor significado en su trabajo, y uno de los estudios más recientes en este ámbito muestra cómo el proporcionar a los empleados un regalo de más tiempo libre (en comparación con un regalo monetario equivalente al 75 % de incremento salarial, o no obsequiar nada en absoluto) aumentó su desempeño en un 25%, porque redujo en un 45% los consumos de ocio en el trabajo.

. . .

Cuando tu trabajo es también tu pasatiempo (¡hey, escritores!), un "día libre" suele ser una pendiente resbaladiza.

Puede convertirse rápidamente en un día de trabajo completo o simplemente consumirse revisando correos electrónicos y pensando en el trabajo. O peor aún: mantienes tu horario despejado y te prohíbes tocar cualquier trabajo y luego simplemente terminas aburriéndote y sintiéndote improductivo/a.

Esto no es reconstituyente ni divertido, como debería ser un día libre. Un día libre es más o menos una habilidad que se debe aprender. Se necesita un cierto grado de conocimiento de uno mismo, incluso saber lo que realmente quieres para hacerlo con éxito, en cualquier momento o espacio. Aquí hay algunos consejos para ayudarte a hacer un buen día libre.

Comienza con un plan de juego

¡Uno que te emocione! Esto es como tener comida en la nevera. Cuando tenemos comida que no nos gusta, no estamos emocionados de comerla. Cuando tenemos un día libre sin nada realmente interesante planeado, no estamos particularmente emocionados de participar.

. . .

Debes tener un plan general, incluso si es 100% ver Netflix y relajarte, y prepárate para hacerlo bien. Evita prepararte para un día vacío de nada y creer que será "relajante".

Ármate con un plan alternativo en caso de que quieras hacer algo más social o activo más adelante.

Conoce qué actividades te restauran

Todo el mundo tiene formas muy diferentes de restaurar su energía: algunos de nosotros la obtenemos estando cerca de otros, otros la obtienen estando solos. Si aún no estás seguro/a de qué tipo de persona eres, consulta la prueba de Myers Briggs.

Idealmente, tu día libre te dejará sintiéndote con una perspectiva renovada de tu vida.

Esto no significa que no debas tener un día de trampa total y tirar todo el autocontrol al viento, solo debes saber qué tipo de "trampa" realmente te restaurará, no solo te hará sentir peor.

Conoce qué actividades te satisfacen

¿Qué es lo que realmente quieres hacer con tu día libre?

. . .

¿Qué te dejará sintiéndote realizado/a? ¿Qué te gusta hacer? Si no lo sabes, haz ahora tu lista de deseos de las mejores actividades ideales y mantenla a mano para la próxima vez que estés planeando un tiempo libre. Tal vez sea ofrecerte como voluntario, crear algo, desconectarte y meditar, leer o incluso trabajar en tu ajetreo lateral de una manera alegre y auto-controlada. Tómate un tiempo para hacerlo en tu día libre.

Consiéntete a ti mismo/a

Esta es una actividad, grande o pequeña, que separará tu día libre de cualquier otro día normal. No necesitas derrochar en artículos de cuero y mimosas para tener un gusto, digo, existen placeres simples que hacen que el invierno sea más dulce.

Podría ser tan simple como ver una de tus películas favoritas de la infancia o hacer una receta que hayas guardado y fantaseado en hacer.

Mantente enfocado/a

Esto puede parecer una actitud bastante agresiva para incorporar a tu día libre y elegante de diversión, pero debes mantenerte enfocado/a y comprometido/a con un día libre reparador y satisfactorio. No dejes que las fuerzas externas o los conflictos internos descarrilen tu buen momento.

·   ·   ·

Comienza tu día con la firme intención de hacer bien tu día, sea lo que sea que te parezca. Tal vez se trata de decir que no a los demás y solo responderte a ti mismo/a, tal vez se trata de ti y tu pareja, o de la creatividad o simplemente de relajar tu cuerpo. Sin embargo, tu día libre será tan libre como te lo propongas. ¡Empieza a comprometerte y mantente comprometido/a!

5

Mantén un día "intocable"

CUANDO REALIZAS un trabajo creativo profundo, las reuniones pueden interrumpir tu flujo y disminuir tu productividad. Es por eso que necesitas programar un "día intocable" por semana, en el que nada pueda interrumpirlo: ni mensajes de texto, ni correos electrónicos, ni llamadas telefónicas, y absolutamente nada más. Neil Pasricha desarrolló este método que sin duda ha resultado de suma utilidad para muchos.

Mucha gente odia las reuniones. Se sientan inconscientemente en el cerebro, ocupando espacio. Nos preparamos para ellas en los cuadernos y agendas. Vamos a ellas, y luego de regreso, en medio de los días de trabajo. ¿Y en qué suelen resultar la mayoría de las reuniones? Lo has adivinado: más reuniones.

En un trabajo convencional, generalmente, los días están llenos de reuniones. ¡Siempre existe algún tema por el que es necesario hacer una reunión! Y cuando renuncié hace algunos años a mi trabajo de oficina para trabajar por mi cuenta como autor y orador principal, pensé que mis días llenos de reuniones habían quedado atrás. Pero estaba equivocado.

Pasé de las reuniones a llamadas de investigación y entrevistas telefónicas, almuerzos con agentes literarios y desarrolladores web, teleconferencias sobre títulos de libros y calendarios de publicación, y entrevistas de radio y llamadas de preparación para los medios. Y antes de cada discurso que doy, siempre hay una reunión con el cliente y el planificador de reuniones para aclarar los objetivos y la logística del evento. Las reuniones nunca desaparecen realmente.

A medida que nuestro mundo se vuelve más ocupado y nuestros teléfonos suenan más, el recurso más escaso para todos nosotros se está convirtiendo en la atención y producción creativa. Y si no te tomas el tiempo de poner algo nuevo y hermoso en el mundo, entonces tu valor está disminuyendo rápidamente.

Solía ser uno de esos tipos que "se levantan a las 4 am" o "siguen trabajando hasta las 4 am", que se esfuerzan en el trabajo durante horas mientras todos los demás duermen.

Así es como escribí mil entradas de blog en mil días. Pero ahora entiendo que solo puedes conducir en el carril expreso durante tanto tiempo antes de que se salgan las ruedas.

Ya no soy ese tipo. Ahora, cuando llego a casa después del trabajo, me sumerjo en el tiempo con mi esposa y mis dos niños pequeños. Nada es ni será tan preciado para mí, y me resisto a la percepción de cualquiera que no esté haciendo espacio para sus seres queridos.

Me di cuenta de que lo que necesitaba era una forma práctica de hacer más trabajo sin tomar más tiempo. Y, para ser honesto, lo necesitaba rápido. ¿Por qué? Porque en mi primer año como autor de tiempo completo, en realidad comencé a sentir que mi productividad disminuía, a pesar de que había dejado mi trabajo de tiempo completo. No fue solo desalentador; también fue vergonzoso. *"Entonces, ¿cómo va el nuevo libro?" "Oh, ¿ahora que renuncié a mi trabajo? ¡Terriblemente!"*

Finalmente encontré una solución que siento que ha salvado mi carrera, mi tiempo y mi cordura. Si este capítulo está resonando contigo, apuesto a que también necesitas esta solución: les llaman los "días intocables". Estos son días en los que se está, literalmente, 100% inalcanzable de cualquier manera... por cualquiera.

Los días intocables se han convertido en un arma secreta para volver a la normalidad. Así es como se puede completar el trabajo más creativo y gratificante: para compartir una comparación aproximada, en un día cuando escribo entre reuniones, produciré tal vez 500 palabras por día; sin embargo, en un día intocable, no es raro que escriba hasta más de 5,000 palabras. En estos días, soy 10 veces más productivo.

Para aplicar esta técnica, debes mirar tu calendario con dieciséis semanas de anticipación, y para cada semana, bloquear un día entero como INTOCABLE. Lo puedes poner en mayúsculas así también: INTOCABLE. No escribo en mayúsculas para nada más, pero permito que los días INTOCABLES me griten.

¿Por qué dieciséis semanas antes? El número de semanas no es tan importante como el pensamiento detrás de él. Puede ser después de que tu horario de conferencias esté fijado, pero, lo que es más importante, antes de que lo esté todo lo demás. Ese es un momento mágico en tu agenda: es el momento perfecto para plantar la bandera del Día de los Intocables antes de que cualquier otra cosa pueda reclamar ese lugar.

En el mismo Día de los Intocables, puedes imaginarte sentado/a en un auto a prueba de balas rodeado por dos pulgadas de plástico grueso e impenetrable por todos lados. Nada entra. Nada sale. Las reuniones rebotan en el parabrisas. También mensajes de texto, alertas y llamadas telefónicas. El celular está en Modo Avión todo el día. La laptop tiene el Wifi completamente deshabilitado. Ni una sola cosa te puede molestar... y ni una sola cosa lo hace.

. . .

Pero, ¿qué pasa con las emergencias, te estarás preguntando? La respuesta corta es que realmente nunca hay ninguna. La respuesta larga es que cuando cualquier persona pregunte acerca de las emergencias, seguramente no le gustará escuchar una diatriba sobre cómo en el pasado, nadie tenía teléfonos celulares y todos estábamos inaccesibles a veces, pero es verdad.

Como compromiso, puedes decir que cuando comiences a programar los Días Intocables, abrirás la puerta de tu auto a prueba de balas durante una hora, a la hora del almuerzo. Cuando lo hagas, te encontrarás cara a cara con las balas zumbantes de diecisiete mensajes de texto, docenas de correos electrónicos que parecerán urgentes y un sinfín de alertas y fuentes generadas por robots, y precisamente, cero emergencias familiares o problemas urgentes.

Entonces, después de unos meses, seguramente dejarás de hacer eso y, en cambio, comenzarás a decirle a la gente en dónde estarás.

Eso les da la tranquilidad a otros de saber que, si sucede algo horrible, pueden llamar al lugar en el que estás trabajando o simplemente conducir y encontrarte como último recurso.

. . .

Entonces, ¿cómo se ven los días intocables de cerca? Piensa en ellos como si tuvieran dos componentes. El primero es el trabajo creativo profundo. Cuando estás en la zona, estás en un estado de flujo, y el gran proyecto en el que estás trabajando se está logrando paso a paso. Y luego están los nitros: pequeñas ráfagas de combustible que puedes usar para cebar tu propia bomba si chocas contra una pared.

Estos momentos improductivos de frustración nos suceden a todos, y es menos importante evitarlos que simplemente tener un conjunto de herramientas mentales que puedas usar cuando sucedan. ¿Cuáles podrían ser estas herramientas? Ir al gimnasio a hacer ejercicio, o agarrar un paquete de almendras. Levantarte y simplemente correr por la calle, o dar un paseo por la naturaleza.

¿Qué más? Una meditación de diez minutos. O cambiar a un nuevo espacio de trabajo. O está esa maravillosa droga de establecer precariamente el modo avión durante diez minutos (sin recibir correos electrónicos ni mensajes de texto) y dejar mensajes de voz a tus padres y amigos cercanos, diciéndoles que los amas.

Funciona todo el tiempo, y vuelves al trabajo rápidamente porque, seamos honestos, nadie contesta su teléfono.

Entonces, ¿qué sucede si el auto a prueba de balas realmente recibe un golpe? Digamos que recibes una invitación increíble para hablar o alguien mucho más importante que tú solo tiene este día para reunirse. Alerta roja: El Día de los Intocables está bajo amenaza. ¿Qué debes hacer?

Puedes establecer una regla simple: es posible que los días intocables nunca se eliminen, pero pueden moverse entre los parachoques de la pista de bolos de los fines de semana. Sin embargo, no pueden saltarse por semanas. Son más importantes que cualquier otra cosa que estés haciendo, por lo que, si necesitan trasladarse de un miércoles a un jueves o un viernes, está bien, incluso si tienes que trasladar cuatro reuniones para hacer espacio.

La belleza de este enfoque es que cuando plantas la bandera del Día de los Intocables en tu calendario, realmente se siente permanente en tu mente. Empiezas a sentir el subidón creativo que obtendrás de una salida tan profunda tan pronto como comiences a reservarlos.

Antes de comenzar a usar la técnica de los días intocables, me mantuve a flote: escribí artículos, pronuncié discursos.

Pero faltaba algo. Cuando implementé esta técnica en 2017, ocurrió la magia. Escribí un nuevo libro de memorias de 50,000 palabras, escribí y lancé un nuevo discurso de apertura de 60 minutos, redacté propuestas de libros para mis próximos tres libros y planifiqué por completo y comencé a grabar mi nuevo podcast, todo mientras viajaba y daba más discursos que nunca.

· · ·

Seguro te preguntarás si con años utilizando la técnica de Días Intocables en mi día a día, ¿en realidad sigo haciendo el ejercicio de programar un Día Intocable cada semana? La respuesta honesta es no... Ahora programo dos.

Esta técnica abre un espacio en tu agenda para concentrarte en aquello que es sumamente prioritario para ti, ayuda a evitar la procrastinación y también cambia la ansiedad de pensar que toda tu vida se está dedicando al trabajo de oficina.

Trabajar en ti y en tus metas es igual de importante que darte descansos que en realidad signifiquen que tú dispones de tu propio tiempo. La técnica de los días intocables es un buen método para concentrarte en tus metas a corto, mediano y largo plazo. Puedes comenzar por implementar dos días al mes, si es que tienes tus reservas, pero verás que concentrarte en tus propios objetivos traerá grandes beneficios a muchas áreas de tu vida.

6

Aprende a lidiar con las crisis personales

UN DÍA, en medio de una carrera floreciente, es posible que tu vida personal esté en crisis y amenace con poner patas arriba tu vida profesional. Si es así, no estás solo/a. Justo antes de abordar un vuelo de Boston a Londres para reunirse con un importante cliente, Anique recibió una llamada de su hija Jasmine, de 10 años, no para desearle un buen viaje, sino para superar un ataque de pánico. Esto inició un viaje de 18 meses a través de las luchas de Jasmine con la ansiedad aguda.

Rhonda, gerente sénior y líder de opinión en su campo, recuerda dos conversaciones que cambiaron su vida que tuvo en una sola semana: *"Una con el ministro y mis padres sobre cómo llevar a cabo el inminente funeral de mi madre. La otra fue una reunión con mi hijo y su psiquiatra sobre cómo tener un plan para cuando tuviera tendencias suicidas".*

. . .

O considera a Derek, un ejecutivo de una empresa global. *"Cuando tienes éxito como yo lo he tenido en mi carrera, eliges adjetivos positivos para ti mismo. No usas la palabra alcohólico"*, dijo. Con dos hijos pequeños y una esposa, se sintió derrotado por primera vez.

Estas son historias relatadas por ejecutivos exitosos entre diversos clientes de coaching que han enfrentado crisis familiares que pusieron en peligro su desempeño en el trabajo.

Algunos han luchado contra un desafío creciente durante años, temerosos de admitir el problema y buscar ayuda.

Para otros, la espiral descendente fue precipitada por una visita de rutina al médico o una llamada telefónica inesperada. Tuvieron que superar la conmoción, enfrentar verdades incómodas, confrontar la vergüenza y arriesgarse a perder su carrera. El tsunami del evento desencadenante, combinado con las emociones consiguientes, los hizo girar en un círculo vicioso y luego los escupió a un lugar de claridad donde debían tomar decisiones y comunicarse con sus colegas.

Algo sumamente cierto es que la situación de cada individuo y su respuesta a ella es única.

En conjunto, cada una de estas historias apuntan a cuatro tácticas efectivas que podemos emplear para hacer malabarismos con el trabajo, una crisis, nuestras familias y nosotros mismos.

Administra el flujo de información

Una de las primeras decisiones implica cómo comunicar nuestras circunstancias a los compañeros de trabajo y cuánto revelar. Si el problema está a la vista, como una muerte familiar que se cubre en las noticias, o visible, como cuando una persona pasa por un tratamiento agresivo contra el cáncer, queremos ser los primeros en notificar a las personas en el trabajo.

Inicialmente, podemos tener la tentación de ocultar en secreto asuntos aparentemente vergonzosos o simplemente privados, pero estos desafíos son comunes a la condición humana y los colegas empáticos pueden ser un gran apoyo.

Ser los primeros en proporcionar información también nos ayuda a garantizar su exactitud.

Algunas personas quieren discutir abiertamente temas como las enfermedades mentales para ayudar a acabar con el estigma que acompaña a estas luchas generalizadas.

Sin embargo, cuando uno de nuestros seres queridos está sufriendo, también debemos considerar su privacidad. Es más, revelar la condición de un niño puede hacer que los colegas piensen que seremos menos confiables, distraídos del trabajo e incapaces de trabajar.

También queremos tener en cuenta que compartir un problema actual es diferente de revelar nuestro pasado. Las emociones crudas y en evolución pueden provocar la incomodidad de otros que pueden recurrir a darnos un trato especial no solicitado.

Algunas confidencias se comparten mejor solo con nuestros compañeros de trabajo más cercanos, aquellos que notarán cambios en nuestro desempeño y pueden necesitar comprender y proporcionar adaptaciones. Los gerentes tienen consideraciones adicionales. Como dijo Rhonda: "puede existir el peligro de compartir demasiado, especialmente como jefe". Menos especificidad, como decir "gracias por preguntar, compartiré más tarde", puede funcionar para otros.

Sigue pautas similares en casa cuando decidas qué divulgar, por ejemplo, la comunicación con los niños merece una consideración especial. Aparte de los factores obvios, como la edad de tus hijos, primero analiza las opciones con tu pareja y comienza con los valores que ambos adoptan.

Anique y su esposo se enteraron de la muerte del hermano de él después de que sus hijos se durmieran. Acordaron esperar hasta la mañana para compartir las noticias con ellos, querían ser transparentes con sus hijos sobre lo sucedido y darles espacio para llorar su pérdida. Debido a que Anique dio la noticia, no sintieron la presión de consolar a su papá antes de procesar sus propias emociones.

Aclara tus preferencias y expectativas

Al revelar nuestros desafíos, queremos ser claros sobre lo que queremos o no queremos de las personas. Por ejemplo, decir *"estoy abrumado/a y no puedo procesar consejos u ofertas de ayuda; lo mejor que puedes hacer por mí es simplemente escuchar"*. Los aspectos no negociables deben ser claros para todos, como la hora de recogida en la guardería cuando tienes la custodia de tus hijos.

Es importante determinar qué medio utilizar para la comunicación. Cuando Natalya enfrentó la muerte de un ser querido por suicidio, solo se lo contó directamente a dos personas en el trabajo, seguido de un correo electrónico a su grupo. En el correo electrónico, pidió que los demás siguieran tratándola como antes porque era demasiado doloroso para ella hablar sobre la situación.

Muchas personas han dicho que trabajar ayudó durante un desafío serio si podían establecer límites para abordar las necesidades inmediatas y su bienestar emocional. Según Rhonda, el trabajo era una oportunidad para controlar las cosas cuando pasaban muchas cosas que no se podían controlar. El trabajo tenía un lado realizable.

· · ·

Si necesitas ausentarte del trabajo, ya sea para cuidar a otra persona o por tu propia salud, es importante hacer una solicitud clara y, a menudo, obtendrás lo que pides. "Nadie cuestionó nunca cuando necesitaba tiempo para estar con mi familia, que era mi mayor solicitud", dijo Natalya.

Cuídate todos los días

Lo absolutamente no negociable durante una crisis es permitir tiempo para el cuidado personal diario. Podríamos comprometer su duración, pero nunca la ocurrencia de nuestros rituales. El tiempo dedicado podría reducirse a tan solo 10 minutos si es necesario o, si nos enfrentamos a una situación que probablemente desencadene más trauma, es posible que se necesite más tiempo.

Derek compartió: "cuando voy a grandes eventos donde es parte de mi trabajo entretener, el cuidado personal es aún más importante.

Corro todas las mañanas y dejo una hora cada tarde para sentarme y reflexionar para poder volver renovado".

El cuidado personal abarca muchas actividades: meditación, llevar un diario, tocar la guitarra, ejercicio físico, etc. El enfoque de Natalya después de su situación fue crear un espacio para tener un respiro mental, para que pudiera verse a sí misma en lo que está haciendo y cómo lo estaba haciendo. Otra persona, que se convirtió en una devota de las pesas después de sus tratamientos contra el cáncer, aseguró que para él era imperativo volverse físicamente fuerte para trabajar fuerte.

El autocuidado nos ayuda a conocernos mejor. A través de él, llegamos a reconocer los factores desencadenantes y los signos de regresión, y que cambiar lo que está dentro de nuestras cabezas tiene un poder transformador. La mayoría de las personas también defienden la terapia profesional para ellos y sus hijos, y también hablan de ella abiertamente para acabar con el tabú que la rodea.

De hecho, las ideas que se ofrecen aquí no reemplazan el apoyo de un profesional de la salud mental. Consulta con uno si tu desafío amerita atención profesional. La teleterapia ha hecho que esto sea más conveniente que nunca, incluso para los más ocupados entre nosotros.

Encuentra fuerza en los números

Las personas que comparten sus historias a menudo aseguran que no habrían superado sus pruebas solos. Las parejas a menudo repartían la carga según sus puntos fuertes. "Estaba haciendo mucho trabajo emocional y mi esposo estaba haciendo el trabajo físico", así fue en el caso de Rhonda.

. . .

La hija de 10 años de Anique, Jasmine, sufría de ansiedad aguda. Como viajera frecuente por todo el mundo, Anique programó las citas de terapia de su hija los viernes para que tanto ella como su esposo Eric pudieran asistir.

En las semanas que Anique estuvo en casa, abordó el trabajo pesado temprano en la mañana para poder dedicar la hora de la cena a los rituales de acostarse para Jasmine.

Eric se quedaba despierto más tarde para limpiar la cocina.

Después de tres meses, decidieron educar a Jasmine en casa, y Eric se tomó una licencia del trabajo para enseñarle.

Algunas personas confían en un pequeño círculo de amigos de confianza.

Este aquelarre de confidentes nos acepta, nos libera de la necesidad de escondernos y nos ayuda a rendir cuentas.

Una persona que lidió simultáneamente con el divorcio, la crianza monoparental y el tratamiento de adicciones sabía que le iban a aceptar o rechazar y ella estaba dispuesta a dar todo, no solo una parte de ella. Y de igual manera, los amigos de Anique se turnaban para apoyar a su familia cuando ella estaba de viaje.

· · ·

¿Qué hay al otro lado de una crisis familiar? Algunas dificultades pasan, algunas se vuelven parte de nuestra nueva normalidad y muchas nos llevan a un lugar mejor que antes.

La mayoría de las personas que han pasado por estos momentos difíciles dicen que es lo más saludable que han estado, otros han sido ascendidos en el trabajo y varios creen que sus relaciones son más fuertes que nunca.

Una vez que ya no están en las garras de estos desafíos, pagan hacia adelante; a través de pequeños actos de bondad, tutoría y patrocinio, o simplemente apareciendo para escuchar, sin juzgar. Cuanto más reconocemos que las personas con las que trabajamos tienen que lidiar con estas cosas de vez en cuando, según Rhonda, más compasivos nos hacemos y más humano se vuelve el lugar de trabajo.

7

Tu salud mental importa

Este estado, denominado equilibrio vida-trabajo, puede definirse como la capacidad de un individuo para cumplir con sus compromisos laborales y familiares, así como con otras responsabilidades y actividades no laborales. Fuera del horario laboral, el ocio se relaciona con actividades no laborales, mientras que el tiempo libre por definición no está comprometido con ninguna actividad.

La dificultad para definir el equilibrio trabajo-vida radica en el hecho de que todos estos factores juegan un papel en determinar si el individuo siente que se ha logrado este equilibrio. Lograr un equilibrio no se trata de dedicar el mismo tiempo a cada una de estas áreas. En cambio, es tener la capacidad de asignar suficiente tiempo, trabajo y pensamiento para que las personas estén satisfechas.

Diferentes países parecen tener una ética de trabajo alternativa, siendo Holanda el que tiene el porcentaje más bajo de empleados que trabajan muchas horas. Dinamarca, Francia y España también ocupan un lugar destacado en la lista.

Estados Unidos ocupa el puesto 30 en una lista de 38 países donde se considera el equilibrio entre el trabajo y la vida, y la mayoría de los trabajadores a tiempo completo trabajan más de 8 horas al día.

Más de una décima parte de los estadounidenses dijeron que trabajaban más de 50 horas a la semana y dos tercios percibían una falta de equilibrio. Curiosamente, la investigación ha sugerido que este es un problema común entre los gerentes muy bien pagados, a pesar del control sobre este equilibrio que se espera de las personas con este puesto.

Para la mayoría de las personas, los compromisos laborales son un elemento fundamental de la satisfacción con la vida y no se realizan solo por el salario. Los investigadores relacionan esto con la estructura cotidiana y la identidad social que ofrecen los puestos profesionales y las expectativas a cumplir. Los determinantes del equilibrio entre la vida laboral y personal incluyen tanto factores que pueden ser alterados por el individuo como aquellos que necesitan iniciativa organizacional.

Algunos están satisfechos con pasar muchas horas en el trabajo para una posible progresión profesional, mientras que otros se sienten satisfechos si se da prioridad a su familia. Aun así, alinear ambos sigue siendo un enfoque para muchos. Puede ser que el equilibrio se defina mejor cuando está ausente. En cualquier caso, cuando no se logra el tipo de equilibrio preferido, se produce una interferencia o un conflicto.

Factores individuales

Las personas pueden verse afectadas por su actitud hacia el trabajo: pueden ser personas con grandes logros, perfeccionistas o trabajadoras compulsivas, quienes generalmente son vistos como adictos al trabajo que dedican más tiempo del requerido, sacrificando otras actividades necesarias, sin estar necesariamente satisfechos con los frutos del trabajo.

El estado de salud del trabajador, el tipo de personalidad y el grado de resiliencia, así como la etapa de la carrera, el período de la vida, y el género son otros parámetros clave para determinar el equilibrio entre la vida laboral y personal.

Factores organizacionales

Las medidas organizativas que influyen en el equilibrio entre la vida laboral y personal implican el trabajo demandado en términos de tiempo dedicado al trabajo y cualquier intensidad o presión. Además, la organización determina la cultura de trabajo.

. . .

Los horarios inflexibles, los gerentes exigentes, los colegas incompetentes y los largos viajes al trabajo contribuyen a este problema. La conectividad ha empeorado este problema. A menudo, se requiere que los trabajadores remotos sean accesibles para sus empleadores, incluso si estas interrupciones ocurren fuera de las horas de compromiso o durante el tiempo que pasan con la familia.

El hogar como fuente de desequilibrio

El trabajo en sí está mal definido, ya que la vida fuera del lugar de trabajo también consiste en otros tipos de trabajo.

Esto es cierto para todos los que operan en el hogar o negocios familiares, pero se ha convertido en un problema pandémico único. Se espera que muchos en casa estén en línea o disponibles por mucho más tiempo que antes.

Cuando se trata de tareas realizadas como mano de obra no remunerada pero necesaria, las demandas del hogar y su cultura se consideran determinantes del equilibrio entre la vida laboral y personal. Por ejemplo, las expectativas relacionadas con el rol son importantes, junto con la presencia de niños dependientes o adultos mayores.

. . .

Se puede esperar implícitamente que las mujeres se ocupen de los asuntos domésticos después de las horas de trabajo, y esto es, en sí mismo, trabajo. Del mismo modo, el cuidado de los niños y de los ancianos de la familia puede ser una obligación tácita o aceptada de un miembro de la familia que trabaja.

Indicadores de conciliación de la vida laboral y familiar

Se han sugerido indicadores tanto subjetivos como objetivos del equilibrio entre la vida laboral y personal. Por ejemplo, los padres que trabajan pueden estar satisfechos con el nivel de equilibrio que perciben, pero sus hijos pueden sentirse privados de la compañía de sus padres. O, tal vez, los maestros de sus hijos perciben que falta la orientación y el estímulo de los padres para hacer sus tareas.

En Europa, las leyes laborales contemplan no más de 48 horas a la semana en el trabajo, lo que indica que más allá de esto, el trabajo es insalubre y relativamente improductivo.

El desbordamiento del trabajo al hogar, o viceversa, son indicadores indeseables del desequilibrio entre la vida laboral y personal.

Los valores de la sociedad juegan un papel esencial a la hora de decidir cómo se percibe el equilibrio entre la vida laboral y personal. Si las responsabilidades familiares no se consideran cruciales, o al menos no tan necesarias como la productividad económica, es poco probable que los adictos al trabajo enfrenten alguna interferencia.

Las consecuencias de tal desequilibrio pueden ser poca satisfacción, estrés mental, improductividad, comportamiento problemático en el trabajo o en el hogar, lo que puede afectar tanto a los compañeros de trabajo como a los miembros de la familia.

Incluso si se reducen las horas de trabajo, sin una reducción concomitante de las obligaciones laborales, el tiempo que se pasa en casa puede verse eclipsado por pensamientos y presiones constantes relacionados con el trabajo. Para algunos, los factores estresantes en el trabajo conducen al agotamiento laboral y la disminución de la salud, lo que puede afectar la satisfacción en las relaciones personales.

El estrés crónico está asociado con una respuesta inmunológica más débil, lo que lleva a más enfermedades menores, dolores musculares y dolores de cabeza; también corren un mayor riesgo de accidentes cerebrovasculares y ataques cardíacos.

Se encuentra que la irritabilidad y la ansiedad son hasta un 75% más comunes en este grupo. Tales problemas pueden culminar en depresión prolongada, tristeza y abuso de drogas o alcohol. Además, si se enfatiza la lealtad organizacional a expensas de las responsabilidades y expectativas familiares, se puede esperar insatisfacción familiar y un retiro de los roles familiares.

Es importante entender cómo estos problemas están asociados con una menor productividad. Esto ocurre a través de la baja moral de los empleados, el agotamiento y la alta rotación de empleados. El gasto en atención médica también es menor entre los empleados que están menos estresados.

Con un equilibrio satisfactorio entre la vida laboral y personal, los empleadores pueden obtener una variedad de beneficios. La productividad es mayor, el ausentismo es menor y la salud física y mental mejora con un mayor compromiso y motivación por el trabajo. Las relaciones personales también pueden beneficiarse al lograr este equilibrio.

Los pasos críticos en el proceso de mejorar el equilibrio entre el trabajo y la vida incluyen identificar las causas del estrés y comprender si los sacrificios personales compensan las recompensas de los compromisos laborales más prolongados.

Los cambios en las horas de trabajo, el cambio de responsabilidades de tareas y la determinación de plazos flexibles son todas las acciones que podrían tomarse. Decisiones como estas pueden ser especialmente impactantes durante ciertas etapas de la vida.

. . .

Establecer límites en el trabajo, como saber cuándo se completan las tareas, es otra opción. El equilibrio es un proceso continuo. Las acciones pueden tener que repetirse cuando se experimenta estrés durante o fuera de las horas de trabajo.

Las iniciativas organizacionales pueden facilitar mucho la tarea de mantener un equilibrio razonable, como cuando los empleadores toman en cuenta las obligaciones familiares y comunitarias. Las organizaciones deberían, por ejemplo, permitir que los empleados se desconecten del trabajo una vez que estén fuera de la oficina para que no puedan ser contactados con fines laborales hasta que regresen al siguiente día hábil.

A medida que el trabajo remoto se convirtió en la norma durante la pandemia del 2020, la productividad eficiente sin sacrificios personales se hizo evidente. Los trabajadores deben tener en cuenta estas perspectivas para equilibrar el trabajo y las responsabilidades de la vida.

Cuando no estás en el espacio mental adecuado, estar en el trabajo puede ser difícil. Ya sea depresión, agotamiento, ansiedad u otra cosa, luchar con tu salud mental mientras estás sirviendo mesas o sentado/a detrás de un escritorio puede alterar tu vida y tu trabajo.

. . .

Pero hay un estigma de tomarse un tiempo libre para cuidar tu salud mental que no está presente con la salud física. La mentalidad es "simplemente trabaja, trabaja, trabaja, empuja y llega al otro extremo y lidia con eso".

Abordar tus necesidades de salud mental es importante y humano. No es un defecto de carácter o un error o un signo de debilidad. Es algo que creo que todos en este planeta experimentarán en un momento u otro de su vida. Si bien sabemos que no existe el trabajo perfecto, existen herramientas para que tanto los empleados como los gerentes hagan del trabajo un mejor lugar para estar.

Busca signos de deterioro de la salud mental

Primero, consulta con tu cuerpo. ¿Estás más tenso/a que de costumbre? ¿Pierdes el sueño o no comes tanto? Incluso si no eres la persona que experimenta problemas de salud mental, puedes ser un/a buen/a compañero/a de trabajo tomando nota de los cinco signos de sufrimiento emocional.

1. Cambio de personalidad de una manera que parece drástica
2. Agitación o comportamiento inusualmente enojado
3. Rechazo a la interacción social
4. Mala higiene (abuso de sustancias o higiene física)
5. Sentimientos de desesperanza

Estos cinco signos, proporcionados por la organización nacional de salud mental sin fines de lucro *Give an Hour*, son formas claras de determinar si es hora de consultar con tu colega o atender tus propios problemas de salud mental.

Y no es necesario que marques todos los elementos de esta lista; detectar incluso uno podría ser una razón para consultar contigo mismo/a o con alguien que te importe. A partir de ahí, haz un poco de clasificación y sé honesto/a contigo mismo/a.

¿Podría ayudar cambiar algunos hábitos?

¿Necesitas desahogarte con un amigo, moverte un poco más o minimizar el tiempo en las redes sociales? O, ¿es hora de plantear una sugerencia en la oficina?

1. Ten una conversación con una persona de confianza que pueda presentarte recursos

Después de darte cuenta de que necesitas ayuda, comunícate con un colega en quien confíes. Un compañero de trabajo leal y confiable puede ayudarte a desahogarte o pensar las cosas. Si necesitas más ayuda, un supervisor podría ser la mejor persona para hablar, dado que puede estar informado sobre los recursos que podrían ayudar con la salud mental.

· · ·

Los recursos humanos también pueden ser una buena opción, pero ten en cuenta que RRHH generalmente tiene en mente los mejores intereses de la empresa. Si tu empleador está tomando represalias contra ti debido a tu condición de salud mental, puedes comunicarte con la Comisión de Igualdad de Oportunidades en el Empleo de EE.UU. para presentar un reclamo.

Una forma de abordar tus necesidades es utilizar el método *DEAR* en una reunión con Recursos Humanos, la gerencia o tu compañero de trabajo de confianza.

D - Describir la situación utilizando hechos

E - Expresar cómo te hizo sentir la situación o cómo te afectó

A - Afirmar tus necesidades

R - Reforzar el resultado y cómo será un ganar-ganar

La segunda parte de este método sigue el acrónimo *MAN* (ambas por sus siglas en inglés) y te ayudará a recordar la mentalidad en estas conversaciones:

M – Meditación. Sé consciente de tus palabras y permanece en el momento presente.

. . .

A – Asertividad. Si estás planteando un problema de salud mental en el trabajo, es importante para todos los involucrados, ¡así que mantente firme!

N - Negociación. Es posible que tu oficina no pueda cambiar a tus horas ideales, pero tal vez podrían trabajar juntos para establecer límites más firmes para los correos electrónicos o comenzar a respetar las pausas para el almuerzo. Trabaja con tu gerente para encontrar soluciones.

Y recuerda, tu jefe o tu compañero de trabajo no es tu terapeuta en esta situación.

Si llegas a presentar un episodio de extremo agotamiento o desesperación en la oficina, no esperarías que tu supervisor supiera cómo tratarlo. Ellos están allí para indicarles que necesitas ayuda.

Un recurso que tu persona de confianza puede indicarte es, tal vez, un programa de asistencia para empleados o EAP. Este es un servicio que tienen muchas empresas. Brinda a los empleados un puñado de sesiones de terapia sin cargo.

2. A veces necesitas tomarte un descanso

Si la terapia no es suficiente, podría ser útil tomarse un descanso del trabajo. Puede ser desde un día hasta varios meses, pero tomarse el tiempo para procesar, descansar, sanar y buscar el tratamiento adecuado puede marcar la diferencia.

· · ·

Un buen comienzo para buscar esta opción es preguntarle a tu departamento de recursos humanos acerca de la licencia por discapacidad a corto plazo. La licencia por incapacidad a corto plazo te permite tomar tiempo libre por una enfermedad o lesión, incluida tu salud mental.

La periodista de Vermont, Siobhan Neela-Stock, se tomó más de dos meses sin trabajar para recuperarse de un entorno laboral menos que ideal. Cuando tuiteó al respecto, se inundó de respuestas positivas.

Algunas eran de personas que querían ausentarse del trabajo y otras notas eran de personas que lo habían hecho.

Neela-Stock dice que cada vez más personas están discutiendo la licencia por salud mental como una opción viable. Existe un lado positivo en esta situación y es que, de nuevo, estamos hablando más al respecto y nos damos cuenta de que muchos de nosotros estamos pasando por esto. Y que hay una salida.

3. Crea un lugar de trabajo psicológicamente seguro

El camino más rápido hacia trabajadores mentalmente saludables son los espacios de trabajo mentalmente saludables. "Seguridad psicológica" es un término acuñado por la investigadora Amy Edmondson que se centra en la necesidad de crear entornos seguros en el trabajo, donde las personas puedan compartir cómo les está yendo realmente sin la amenaza de perder una promoción o un gran proyecto.

. . .

Los empleadores y los empleados pueden crear seguridad psicológica en cualquier lugar, desde una oficina hasta una cocina. Todo depende de si pueden ser vulnerables el uno con el otro. Recuerda que también es importante comprometerte con tu equipo al centrar las voces que se ven más afectadas por algo. Los empleadores no necesitan tener todas las respuestas, pero deben ser transparentes y abiertos a la retroalimentación.

Un último consejo: Está bien cometer errores. En un entorno psicológicamente seguro, un empleado aprende de sus errores y aprovecha la oportunidad para crecer. Esto es lo opuesto al enfoque de arriba hacia abajo en el que el jefe regaña a un empleado por cometer errores.

Y eso es lo que crea innovación. Eso es lo que fomenta la creatividad que nos acompaña para crecer de verdad, esa seguridad psicológica en el lugar de trabajo.

8

Aprende a establecer límites

Con la tecnología, el trabajo flexible y los lugares de trabajo en constante cambio, establecer límites saludables en el trabajo es más difícil que nunca. Pasar por una búsqueda de trabajo puede ser un momento difícil y, desafortunadamente, un momento en el que te inclines más hacia complacer a las personas que a reafirmarte.

Todos queremos un buen trabajo, así que, por supuesto, debemos ser lo más agradables posible, ¿no? Bueno en realidad no. Todo esto es para decir que establecer límites saludables para ti en el trabajo comienza temprano, tan pronto como el proceso de la entrevista en sí.

Desde la entrevista en adelante, le enseñas a tu jefe y a tus colegas cómo tratarte y cómo lograr un equilibrio saludable entre el trabajo y la vida al implementar límites físicos, límites mentales y límites personales.

¿Revisas el correo electrónico del trabajo fuera del

horario de oficina? ¿Estás disponible y en línea las 24 horas del día, los 7 días de la semana, para resolver cualquier problema que pueda surgir? ¿Terminarás trabajo fuera de tu horario de trabajo o de tus obligaciones en cualquier momento?

Establecer límites desde el principio te permite navegar por tu lugar de trabajo, evitar entornos potencialmente tóxicos y crear un camino claro para que hagas tu mejor trabajo sin que se aprovechen de ti ni te agoten.

No hay dos personas que tengan exactamente el mismo estilo de trabajo. Es importante tener eso en cuenta y establecer tus propios límites. Pregúntale a tu introvertido local y te dirá exactamente lo importante que es proteger tu energía emocional y tus límites interpersonales.

Si estás confundido/a acerca de qué límites establecer, es importante lograr diferenciar los tipos de límites saludables de lo que podrían ser solicitudes irrazonables.

Es un trabajo extra y puede parecer antinatural al principio, pero proteger tu salud mental de manera preventiva es muy importante.

Límites físicos

· · ·

Comencemos con los límites físicos. ¿Por qué? Bueno, si tienes problemas con los límites físicos en el trabajo, entonces es probable que todos tus límites estén siendo pisoteados. Puedes comenzar, por ejemplo, a ofrecer apretones de manos en vez de abrazos.

No asistas a ningún "evento de trabajo" después de las 7:00 p.m. (excepto cuando quieres asistir, por ejemplo, a la fiesta de Navidad de la empresa), realiza tu caminata después del almuerzo solo/a (tal vez con su podcast favorito) y di no a trabajar los fines de semana.

También es importante tomar tus días de enfermedad y tus días de salud mental. Puedes tener un "aviso" para mostrar a otros empleados que estás ocupado/a (es decir, usando audífonos o cerrando la puerta). Si te das cuenta de que se te ha molestado en alguna de estas áreas dentro del trabajo, puede que debas comenzar a tener firmeza con tus límites físicos.

Límites mentales

Cualquiera que haya pasado por la depresión de las 3:00 p.m. a las 6:00 p.m. sabe que la energía mental es importante y puede agotarse rápidamente por tonterías. Aquí hay límites que establecer para preservar tus jugos mentales.

. . .

De lo más importante es establecer tus horas de trabajo y respetarlas. Rechaza las reuniones superfluas (y alienta a la gerencia a realizar reuniones más eficientes) y aparta los mensajes cuando estés en modo de trabajo profundo.

No te involucres en nada que pueda percibirse como chisme, especialmente sobre otras personas en tu lugar de trabajo. Muchas veces caemos en actividades que parecen inofensivas pero que, al final del día, pueden terminar por drenar tu energía mental, así que ten cuidado.

Límites emocionales

Los límites emocionales pueden ser difíciles de identificar, pero es muy importante hacer este trabajo.

Al establecer límites emocionales, te estás dando permiso para impedir que el mal día de otra persona afecte el tuyo.

Esto no significa que elimines la empatía o la comprensión.

Más bien, significa que la próxima vez que algún compañero esté gritando y tirando sus papeles en su oficina, puedas mantener la cabeza baja y continuar con tu buen humor.

· · ·

Otras acciones que ayudan a definir tus límites emocionales en el trabajo son el comunicar por adelantado cómo te gusta dar y recibir comentarios, no estancarte en el mal humor o el arrebato de otra persona y delegar trabajo cuando sea necesario.

Puedes, por ejemplo, crear un cronograma que priorice el equilibrio para balancear la situación entre el trabajo y la vida. Está bien, pero ¿cómo estableces realmente tu lista de límites? Aquí hay ocho formas de priorizar, implementar y honrar tus límites, al infundirlos en tus interacciones diarias y tu rutina diaria.

1. Evalúa primero tus límites personales

Antes de comunicar tus límites, tendrás que tomarte el tiempo para evaluarlos, entender en dónde dibujas la línea y cómo establecerla. Tus límites personales surgirán de tus valores y de las prioridades en tu vida.

Cualquier trabajo que valga la pena (en mi humilde opinión) reconoce que es, ante todo, un trabajo.

Aparte de tu trabajo, tienes que considerar tu vida hogareña, tus relaciones, tus pasiones y tu espacio personal.

Así, es importante que reconozcas tus límites, que prestes atención a tus sentimientos, te des permiso para establecer límites una vez que hayas identificado qué es importante para ti y que, durante todo este proceso, consideres tu entorno y las oportunidades y limitaciones que te presenta.

2. Comunícate por adelantado

Una vez que tengas tus prioridades y valores establecidos, comunícalos. Esto puede ser tan simple como informarle a tu equipo que no respondes los correos electrónicos después de las 7:00 p.m. También puedes usar este tiempo para comunicar lo que constituye una "emergencia" laboral para que no tengas "crisis" que surjan en tus horas libres.

La comunicación es el hilo conductor de cada consejo adicional de este capítulo. Cuando tomas los pasos para comunicarte por adelantado, te estás protegiendo contra futuros posibles errores de comunicación.

3. Crea estructuras claras

La estructura es importante en el lugar de trabajo. Eres el o la arquitecto/a de tus propios límites, así que constrúyelos sólidamente.

Al crear estructuras claras basadas en límites por adelantado, eliminas cualquier conjetura de las infracciones de límites comunes.

Es menos probable que tus compañeros de trabajo interrumpan tu trabajo si configuras bloques de tiempo en los que estás ocupado/a en el trabajo y avisas que no se debe molestar. Si tienes una función de gestión, puedes crear estructuras que incluyan la creación de responsabilidades de equipo. Esto crea pautas claras sobre dónde (y con quién) recae la responsabilidad en una variedad de circunstancias.

4. Mantén tus relaciones profesionales

A todos nos encanta tener una esposa en el trabajo o una mejor amiga en el trabajo, pero a veces esas relaciones se vuelven complicadas y engañosas desde la perspectiva de los límites. Ahora, la idea no es que no debas tener un confidente en el trabajo o un amigo cercano, sin embargo, debes tener cuidado de que tus relaciones laborales sigan siendo, en general, profesionales.

Por difícil que esto pueda parecerles a algunos, especialmente a nuestros amigos extrovertidos, es importante separar a tus amigos de tus compañeros de trabajo. No está mal llevarte bien con toda la oficina, pero mantener un perfil profesional dentro del entorno laboral te ahorrará muchos problemas.

5. Delega el trabajo cuando sea apropiado

Una parte importante de establecer límites es establecer expectativas sobre el trabajo que harás, para el que te contrataron, el trabajo que estás dispuesto o dispuesta a realizar (parte de ser un "jugador de equipo") y el trabajo que está fuera de tus responsabilidades.

. . .

Cuando el trabajo está completamente fuera de tu alcance de responsabilidad, es posible que tengas la oportunidad de decir que no (lo abordaremos en el próximo punto) o delegar el trabajo a alguien que sea más adecuado para el trabajo.

Obviamente, delegar trabajo es un poco más fácil de navegar cuando ya estás en una posición gerencial. Cuando no eres gerente, aún puedes delegar el trabajo, simplemente haciendo algunas preguntas para calificar si el trabajo es mejor o no para otra persona.

1. ¿Tengo tiempo para completar este trabajo sin comprometer las funciones principales de mi trabajo?
2. ¿Hay alguien en mi equipo que sea más adecuado o que esté buscando una oportunidad para crecer al completar este trabajo específico?
3. ¿Es este un trabajo o tarea que se puede delegar justificadamente a otra persona con una menor carga de trabajo, para que pueda realizar mi trabajo al nivel óptimo?

Estas simples preguntas son buenos indicativos para tomar una decisión, y pueden ayudarte también a formular argumentos convincentes al momento de sugerir que alguien más pueda hacerse cargo de ciertas tareas.

6. Di no

A veces, tus límites establecidos ni siquiera requerirán que delegues el trabajo. En estos casos, puedes simplemente decir (y esto es difícil para muchos de nosotros) no. Decir que no es mucho más fácil de decir que de hacer, especialmente en un ambiente profesional.

Existe una táctica útil cuando alguien pide algo que está fuera del alcance de las posibilidades. Cuando necesites rechazar un proyecto o una tarea, puedes preguntar: "¿Cómo se supone que debo hacer eso?"

Es importante no preguntar esto de manera acusatoria, sino de una manera que provoque un poco de empatía de la otra parte. Se trata de explicar el alcance del trabajo que tendrás y de explorar si puedes hacer más trabajo sin que tus responsabilidades principales se vean afectadas.

Al hacer esta pregunta, le estás dando a la otra persona la oportunidad de considerar el trabajo que tienes y considerar si agregar más (o interrumpir tus responsabilidades actuales) es realmente factible.

7. Tómate un tiempo libre (de verdad)

Otra excelente manera de establecer límites es tomarte un tiempo libre, cuando lo tengas, cuando lo necesites y cuando te lo ofrezcan. Dejar que el tiempo de vacaciones se acumule y expire no es motivo de orgullo, ni debería serlo.

Usa el tiempo que te dan. Te lo has ganado. Cuando lo hagas, configura ese mensaje perfecto en el que explicas que estás fuera de la oficina y tómate el tiempo para recargar. A la larga, tu carrera solo se beneficiará si descansas.

. . .

8. Usa la tecnología para ayudarte

¿Sabes qué es bueno para establecer límites? La tecnología. Úsala como una herramienta para ayudarte a establecer ciertos límites. La tecnología puede ser excelente para ayudarte a crear estructura. Puede ser poner un mensaje de ausencia en tu máquina contestadora cuando estás escribiendo profundamente.

Puede también ayudarte el bloquear algunas horas a la semana en tu calendario en las que estás involucrado/a en un trabajo específico y, por lo tanto, no estás disponible para que te molesten. También puedes usar herramientas para establecer tus horas de trabajo, lo que notificará a tus compañeros de trabajo las horas en las que, de hecho, estás trabajando.

La tecnología también puede ayudar cuando te dedicas a tomar unas vacaciones reales. Puedes configurar sistemas y cadenas de mando para tu tiempo libre y comunicárselo a tu equipo antes de aventurarte. También puedes dejar un mensaje detallado que dirija cualquier correo electrónico entrante al recurso correcto.

Mientras estés ahí fuera estableciendo límites, experimentarás retrocesos e infracciones. Prepárate para ello. Establecer límites no es un proceso de la noche a la mañana, y algunas personas no saben que los están cruzando constantemente, como ese compañero de trabajo que te toca el hombro cuando estás enfrascado/a en el trabajo con los auriculares puestos.

No veas la ruptura de límites como un paso atrás. En cambio, utilízalo como una oportunidad para instruir a tus compañeros de trabajo sobre la mejor manera de comunicarse, cuándo es apropiado interrumpirte (si en algún momento lo es) y qué pueden esperar de ti de manera realista.

Hay varias frases que puedes decir cuando se rompe un límite:

"Según mi calendario, estaré trabajando intensamente desde las 12:00 p.m. hasta las 2:00 p.m. de hoy. Hice público mi calendario si deseas encontrar espacio para conectarte conmigo más adelante esta semana".

"Estoy fuera de la oficina de vacaciones, pero puedes conectarte con [algún compañero/a] y ellos pueden ayudarte con este asunto".

"Para hacer mi mejor trabajo en este proyecto, no puedo aceptar ningún proyecto adicional en este momento. Me encantaría ayudar en el futuro, pero necesito un aviso de una semana para incluir trabajo adicional en mi agenda".

9

Prioriza tu sueño

Desafortunadamente, nunca presté mucha atención al vínculo entre el descanso reparador y el desarrollo profesional. Luego tuve un muy mal momento en la primavera de 2017 experimentando una grave privación del sueño como padre primerizo.

El sueño afecta muchas de las habilidades empresariales y corporativas que nos ayudan a prosperar en el lugar de trabajo. *The Journal of Sleep Research* encontró que una noche de pérdida de sueño puede incluso afectar las rutinas diarias básicas.

Un investigador de la Universidad de Washington, descubrió que cuanto menos duerma un empleado, es más probable que tenga problemas en diversas áreas de su vida laboral.

. . .

Aunque el sueño es un imperativo biológico, cognitivo y moral, solo alrededor del 35% de la población estadounidense duerme las 8 horas recomendadas cada noche.

Un estudio de *Rand Corporation* señaló que la crisis del sueño económico le cuesta a los EE.UU. hasta $411 mil millones al año. En segundo lugar, después de EE.UU., viene Japón con $138 mil millones y en tercero, el Reino Unido con $50 mil millones.

Entonces, ¿cómo se ve eso potencialmente en nuestras empresas en el área financiera? Existe un estudio realizado en cuatro grandes empresas de EE.UU. que encontró que la privación del sueño cuesta aproximadamente entre $2,000 y $3,500 en pérdida de productividad. El ajetreo parece ser demasiado frecuente en las naciones industrializadas, incluso a costa de nuestra salud.

Los estudios de los últimos años han identificado una relación entre la falta de sueño y algunos de los principales tipos de cáncer en los Estados Unidos. Aquí hay 5 formas en que podemos tomar una posición como líderes y priorizar el sueño para nuestra salud, carrera, familias y comunidades.

1. Anímate de antemano con tu rutina a la hora de acostarte
    Un buen hábito para reavivar nuestra relación con el sueño es pensar en dormir durante el día.
    Al igual que puedes planificar lo que vas a comer o cómo harás ejercicio, piensa en el sueño como tu propio spa.

. . .

Anímate a dormir. Es mágico para tu mente y cuerpo.

A nuestro cerebro le gusta crear patrones. Crear una rutina para la hora de acostarte ayudará al cerebro a descansar, relajarse y reconocer que es hora de dormir. Intenta encender tu teléfono en modo nocturno o utiliza una aplicación similar alrededor de las 8 p.m. para no exponerte a la luz azul, que es contraproducente para un descanso reparador.

Los recursos como F.lux son gratuitos y se pueden usar con un efecto similar en una computadora portátil, tableta o teléfono inteligente. Puede ser un poco difícil comenzar al principio, pero cuanto más continúes haciendo lo mismo, más fuerte se vuelve el comportamiento.

2. Crea un santuario del sueño interno y externo

Un estudio publicado en el *Journal of Clinical Sleep Medicine* por el autor principal, Christopher Drake, PhD, mostró que beber una gran taza de café durante el viaje al trabajo tiene los mismos efectos adversos que alguien que consume cafeína cerca de la hora de acostarse. Cuando los participantes bebieron cafeína seis horas antes de dormir, tuvieron una pérdida medible de una hora de sueño.

Puedes pensar en el dormitorio como un santuario externo para dormir. Así como una oficina ordenada ayuda a aumentar la productividad, una habitación ordenada promueve un descanso reparador.

. . .

Haz de tu dormitorio un lugar sagrado donde la paz, la calma y la relajación se desborden.

Si permites que tu dormitorio sea un lugar donde se lleven a cabo muchas actividades aleatorias, entonces probablemente no estés creando una fuerte neuro-asociación del sueño.

3. Duerme a la hora adecuada

El renombrado neurólogo Kulreet Chaudhary, MD, dice que programar tu sueño es como programar una inversión en el mercado de valores: no importa cuánto inviertas, importa cuándo inviertas. Obtenemos las secreciones hormonales más beneficiosas y la recuperación al dormir entre las 10:00 p.m. y las 2:00 a.m.

Si pierdes algo de sueño durante este tiempo, es posible que todavía te sientas cansado/a al día siguiente. Si tiendes a acostarte tarde, trata de comprometerte a estar dormido/a para las 10 p.m. un día de esta semana, dos o tres días de la semana que viene, y ve aumentando gradualmente.

4. Actúa según tus creencias

Si hubiera una píldora que tuvieras que tomar a la misma hora, todos los días, que te ayudaría a vivir más tiempo, reducir el riesgo de cáncer y promover el bienestar holístico, ¿olvidarías tomarla? El sueño es tu propio elixir.

. . .

Cree que el sueño es importante. Una vez que creemos en algo, nuestras acciones generalmente siguen su ejemplo. Sé que dormir es un costo de oportunidad para la mayoría de nosotros, pero estamos juntos en esto. No todo el mundo necesita una respuesta inmediata. Estará bien si no contestas tu teléfono o no llamas a alguien. Serás mucho más productivo/a si estás bien descansado/a.

5. Aprende a decir no

Esto ya lo platicamos. Las personas que reportan presión de tiempo poco realista y estrés en el lugar de trabajo duermen en promedio 8 minutos menos por día que aquellas con bajos niveles de presión de tiempo.

Cuanto más ocupados estamos, menos tiempo tenemos para dormir, pero estar ocupado/a no es lo mismo que ser eficaz o eficiente. Simplemente no podemos hacerlo todo. Para recuperar el control de tu tiempo, asegúrate de que todo a lo que dices "sí" coincida con las prioridades de tu vida actual.

Puede ser que a veces sea más fácil decirlo que hacerlo, pero ¿qué sucederá si no nos ponemos a nosotros mismos en primer lugar?

Nos tomó un tiempo entrar en esta crisis de sueño y el cambio no ocurrirá de la noche a la mañana. Sin embargo, es importante que las personas reconozcan la importancia de dormir y se comprometan a tomar medidas para recomponer su relación tanto con el trabajo como con ellas mismas.

10

Identifica las actividades prioritarias

Una de las luchas más antiguas en el lugar de trabajo es saber cómo priorizar tu trabajo. Con más tareas por hacer, correos electrónicos continuos y expectativas más altas, decidir qué merece tu atención puede volverse abrumador rápidamente.

Sin embargo, dominar la priorización puede cambiar tu vida. Conocer tus prioridades reduce el estrés, te ayuda a concentrarte e ignorar el miedo a estarte perdiendo de algo, puede mejorar la productividad y la gestión del tiempo, e incluso ayudar con el equilibrio entre el trabajo y la vida personal a medida que creas mejores límites para tu jornada laboral.

Una vez que sepas cómo priorizar tus tareas y tu tiempo, te darás cuenta de que gran parte del trabajo que parecía urgente en realidad no necesita tu atención.

Al menos no de inmediato. Pero si bien los elementos

para priorizar tu trabajo son simples (es decir, saber qué tareas deben realizarse y clasificarlas por importancia), está lejos de ser un ejercicio simple.

Cuando las prioridades se acumulan, necesitas un sistema claro que te lleve a estar bajo control sin abrumarte por todo lo que se debe hacer. Existen diversas estrategias que te ayudarán a priorizar tus tareas diarias, optimizar tu tiempo y concentrarte en el trabajo que más importa.

Estas estrategias incluyen el capturar todo en una lista maestra y luego dividirlo por objetivos mensuales, semanales y diarios; separar las tareas urgentes de las importantes con la Matriz de Eisenhower y clasificar tus tareas diarias por su verdadera prioridad con el Método Ivy Lee.

Separar tus tareas con prioridades similares usando el método ABCDE y establecer un tono productivo para el día "comiéndote la rana" te ayudará, así como eliminar los objetivos "suficientemente buenos" con la estrategia de 2 listas de Warren Buffett.

Debes tener en cuenta la falacia del costo hundido al elegir lo que merece tu tiempo (es decir, ser lo suficientemente flexible como para cambiar de opinión y dejar de lado las prioridades) y usar multiplicadores de tiempo para aprovechar al máximo tus horas diarias. También es vital que priorices tu trabajo más importante durante tus horas más productivas.

. . .

Captura todo en una lista maestra y luego divide tus actividades por objetivos mensuales, semanales y diarios

Es imposible priorizar tus tareas si todas están dando vueltas en tu cabeza. En su lugar, comienza por anotar todo y organizarlo en una "lista maestra". Piensa en esto como una descarga de cerebro: deseas sacar todo lo posible que robe atención de tu cabeza y convertirlo en un documento.

Una excelente manera de hacer esto es la metodología *Get Things Done (GTD)* de David Allen, un proceso de 5 pasos en el que sacas todos los elementos de interés, información relevante, problemas, tareas y proyectos fuera de la mente, registrándolos externamente y luego dividiéndolos en elementos de trabajo accionables con límites de tiempo conocidos.

La herramienta que utilices para almacenar estas tareas no importa (puede ser tan simple como una hoja de papel o tan compleja como una herramienta de gestión de proyectos), siempre que sea fácilmente accesible y se actualice fácilmente cuando surjan nuevas prioridades.

Una vez que hayas creado tu lista maestra, notarás rápidamente que diferentes tareas merecen diferentes niveles de atención. Tienes las tareas que hay que hacer hoy, los proyectos que necesitan ser trabajados en esta semana o mes y las metas a largo plazo que te hacen sentir realizado/a y empoderado/a.

Trabajando a partir de tu lista maestra, comienza a priorizar las tareas por objetivos mensuales, semanales y diarios.

Como explica el consultor de productividad Brian Tracy, tu lista mensual se extrae de tu lista maestra, tu lista semanal se extrae de tu lista mensual, y así va. De esta forma, tus prioridades diarias siempre estarán alineadas con tus objetivos más importantes.

Este método de priorización también ayuda a combatir el sesgo de finalización, nuestra tendencia a centrarnos en terminar tareas pequeñas en lugar de trabajar en tareas más grandes y complejas. Cuando tus tareas diarias se extraen de una lista más grande, puedes asegurarte de que siempre estés trabajando en cosas significativas. No solo las urgentes.

Separa lo urgente de lo importante con la Matriz de Eisenhower

Tu lista maestra te ayuda a entender cómo priorizar todas tus tareas. Pero la vida aún puede complicarse al decidir qué se debe hacer ahora y más adelante. Existen algunas técnicas de priorización que puedes utilizar para separar las tareas urgentes de las importantes.

. . .

Primero, existe lo que se llama el Principio de Pareto, o la regla del 80/20, que dice que el 20% de tus esfuerzos tienden a producir el 80% de tus resultados. Busca esas tareas que no solo se marcan, sino que te brindan resultados reales.

El Principio de Pareto se basa en la experiencia. Pero, ¿qué sucede si estás trabajando en un nuevo trabajo o simplemente no sabes qué tareas deberían ser prioritarias? En este caso, puedes utilizar la Matriz de Eisenhower.

Desarrollada por el expresidente de los EE.UU. Dwight Eisenhower, la matriz es un cuadro simple de cuatro cuadrantes que te ayuda a separar las tareas "urgentes" de las "importantes". En términos básicos, las tareas urgentes son cosas a las que sientes que debes reaccionar de inmediato, como correos electrónicos, llamadas telefónicas, mensajes de texto o noticias. Mientras que las tareas importantes son aquellas que contribuyen a tu misión, valores y objetivos a largo plazo.

Al observar cómo priorizar mejor las tareas, pregúntate en cuál de los cuadrantes encajan mejor:

- Urgente e importante: realiza estas tareas lo antes posible
- Importante, pero no urgente: decide cuándo harás esto y prográmalo

- Urgente, pero no importante: delega estas tareas a otra persona
- Ni urgente ni importante: elimínalos de tu agenda lo antes posible

Una de las tareas más difíciles aquí es eliminar tareas "urgentes, pero no importantes" de tu lista de prioridades.

Aquí es donde entra en juego la delegación inteligente.

Delegar comienza con encontrar a la persona adecuada y explicar la tarea correctamente, pero también implica darle a esa persona suficiente tiempo y orientación para sacar completamente la tarea de su plato (y de su mente).

En este caso, puedes seguir la regla 30X: presupuesta 30 veces el tiempo que normalmente te tardas en completar la tarea para la capacitación. Por ejemplo, si tienes una tarea que tarda 5 minutos en completarse, debes presupuestar 150 minutos para delegar y capacitar a alguien nuevo en ella.

Puede parecer mucho tiempo, pero durante un año, terminarás ahorrándote 1100 minutos al año. (5 minutos al día * 250 días hábiles anuales = 1250 minutos dedicados a esa tarea).

Clasifica tus tareas diarias por su verdadera prioridad con el Método Ivy Lee

. . .

A veces, a pesar de nuestros mejores esfuerzos, terminamos con una lista enorme de tareas urgentes e importantes que debemos realizar. En cuyo caso, necesitamos encontrar una manera de profundizar y encontrar su verdadera importancia.

Una de las mejores formas de hacer esto fue desarrollada hace más de 100 años por la consultora de productividad llamada Ivy Lee. El llamado Método Ivy Lee te obliga a priorizar tu día siguiendo un conjunto simple de reglas:

1. Al final de cada día de trabajo, anota las seis cosas más importantes que debes lograr al día siguiente. No escribas más de seis tareas.
2. Prioriza esos seis elementos en orden de su verdadera importancia.
3. Cuando llegues a la oficina al día siguiente, concéntrate solo en la primera tarea. Trabaja hasta que termines la primera tarea antes de pasar a la siguiente.
4. Termina el resto de tu lista de la misma manera. Al final del día, mueve los elementos sin terminar a una nueva lista de seis tareas para el día siguiente.
5. Repite este proceso todos los días hábiles.

Limitarte a seis tareas (o menos) cada día crea una restricción que te obliga a priorizar adecuadamente y luego mantenerte enfocado/a al realizar una sola tarea en tu lista.

. . .

Separa tareas con prioridades similares usando el método ABCDE

Si bien el método Ivy Lee es excelente para priorizar las tareas diarias, todavía hay una parte que no está clara: ¿cómo sabes la "verdadera importancia" de una tarea? La mayor incógnita cuando se trata de cómo priorizar es diferenciar entre tareas que se sienten como si estuvieran en el mismo nivel de importancia.

Cuando estás trabajando en tareas complejas o haciendo malabarismos con múltiples roles, el Principio de Pareto y la Matriz de Eisenhower no son suficientes. Aquí es donde el método ABCDE de Brian Tracy hace maravillas.

En lugar de mantener todas las tareas en un solo nivel de prioridad, este método ofrece dos o más niveles para cada tarea. Así es como funciona:

1. Revisa tu lista y asigna a cada tarea una letra de la "A" a la "E" (la A es la prioridad más alta)
2. Por cada tarea que tenga una A, dale un número que dicte el orden en que la harás
3. Repite hasta que todas las tareas tengan letras y números

Nuevamente, esta es una estrategia de priorización engañosamente simple. Si bien en la mayoría de los casos es casi imposible diferenciar entre una tarea B1 y una A3, al darle a cada tarea varias capas de priorización, su verdadera importancia de repente se vuelve mucho más clara.

Establece un tono productivo para el día "comiéndote la rana" (es decir, haciendo tu trabajo más importante primero)

Una vez que hayas priorizado tu trabajo más importante (en cualquier método que elija), es hora de elegir cómo abordar el día. Cómo empiezas el día marca la pauta para el resto de tus horas. Y, a menudo, sacar una tarea grande, difícil pero importante a primera hora te da impulso, inspiración y energía para seguir adelante.

Es por eso que una gran cantidad de expertos en productividad sugieren dedicar tiempo a tu tarea más importante (MIT, por sus siglas en inglés) de inmediato todos los días. O, como escribió Mark Twain: *"si tienes que comer una rana viva, ¡no vale la pena sentarse y mirarla durante mucho tiempo!"*

Cuando pienses en cómo priorizar tu trabajo diario, intenta incluir una de estas "ranas" en la parte superior de tu lista. Esto no solo elimina esa tarea, sino que también puede motivarte a continuar avanzando en el resto de tu lista.

De hecho, cuando la profesora de Harvard Teresa Amabile estudió los diarios de cientos de trabajadores del conocimiento, descubrió que de todas las cosas que pueden impulsar las emociones, la motivación y las percepciones durante un día de trabajo, la más importante es progresar en un trabajo significativo.

Así que el priorizar una pequeña victoria temprano en el día te mantendrá motivado/a por el resto del día.

Elimina los objetivos "suficientemente buenos" con la estrategia de 2 listas de Warren Buffett

No importa qué tan eficiente y efectivo/a seas cada día si estás trabajando hacia la meta equivocada.

Por eso es una buena idea reevaluar periódicamente tus objetivos y prioridades a largo plazo para asegurarte de que sigues en el camino correcto.

Aquí hay un gran método para hacer esto del inversionista multimillonario Warren Buffett. Según cuenta la historia, Buffett ejecutó su piloto personal a través de este proceso para ayudarlo a priorizar sus objetivos profesionales.

El primer paso es escribir tus 25 objetivos principales. Estos podrían ser objetivos de vida, objetivos profesionales, objetivos educativos o cualquier otra cosa a la que desees dedicar tu tiempo. Ahora, encierra en un círculo tus cinco objetivos principales en esa lista (si estás haciendo esto en este momento, termina de marcar antes de continuar leyendo).

Finalmente, cualquier meta que no marcaste con un círculo se incluye en una lista de "evitar a toda costa". En lugar de intercalar el trabajo en estos objetivos cuando tengas tiempo, debes evitarlos activamente. Estas son las tareas que aparentemente son lo suficientemente importantes como para merecer tu atención, pero en realidad no te están moviendo hacia tus prioridades a largo plazo.

Sé consciente de la falacia del costo irrecuperable (es decir, sé lo suficientemente flexible como para cambiar de opinión y abandonar las prioridades)

A medida que realizas estos ejercicios de priorización, es importante recordar ser flexible. Nadie sabe lo que depara el futuro. Y, en última instancia, priorizar y planificar es realmente solo adivinar. A veces, puedes priorizar una tarea solo para que cambien las expectativas o los resultados. Llegados a este punto, es difícil no decepcionarse. Pero no puedes dejar que eso sesgue tu juicio.

Los seres humanos son especialmente susceptibles a la "falacia del costo irrecuperable", un efecto psicológico en el que nos sentimos obligados a seguir haciendo algo simplemente porque ya le hemos dedicado tiempo y esfuerzo.

Pero la realidad es que no importa en qué dediques tu tiempo, nunca podrás recuperar ese tiempo. Y cualquier tiempo que se dedique a continuar trabajando hacia la prioridad equivocada es simplemente una pérdida de tiempo. A veces, nuestro esfuerzo se utiliza mejor cambiando de barco que tratando de reparar una fuga.

Usa multiplicadores de tiempo para aprovechar al máximo tus horas diarias

La priorización no se trata solo de tareas. Ya es hora también de actuar. Trabajar en las tareas correctas puede darte más tiempo en el futuro o quitártelo.

A medida que aprendas a priorizar, sé muy consciente del impacto que tienen tus elecciones en tus obligaciones futuras.

Lo mejor que puedes hacer aquí es concentrarte en los multiplicadores de tiempo, que son estrategias o herramientas que crean más tiempo para ti en el futuro. En lugar de preguntar '¿qué es lo más importante que puedo hacer hoy?', los multiplicadores de tiempo preguntan '¿qué es lo más importante que puedo hacer hoy para mejorar el mañana?'

En otras palabras, al pensar en cómo usamos nuestro tiempo hoy, podemos liberar nuestras horas en el futuro. Las estrategias de priorización que describimos anteriormente son parte de esto. Pero también lo es tu entorno de trabajo y tus hábitos. Al priorizar los hábitos correctos y crear un ambiente de trabajo libre de distracciones, tendrás más tiempo en el futuro.

Prioriza tu trabajo más importante durante tus horas más productivas

Por último, puedes potenciar tu productividad combinando tus tareas y prioridades de tiempo. Todos pasamos por altibajos naturales de energía y enfoque a lo largo del día (a esto lo llamamos la curva de productividad).

En otras palabras, hay ciertos momentos del día en los que naturalmente eres más productivo/a.

Si puedes encontrar tus momentos productivos máximos y luego programar tus prioridades más altas durante ellos, te estás preparando para el mejor día posible. Aquí es donde una herramienta como *RescueTime* puede ayudar.

RescueTime observa automáticamente cómo trabajas a lo largo del día y te brinda informes detallados sobre tu productividad. Una vez que ha estado funcionando durante unos días, puede comenzar a extraer tendencias de cuándo eres más productivo/a.

Digamos que tienes una clara tendencia de productividad diaria con horas pico desde las 10 a.m. hasta el mediodía.

. . .

Con estos datos, puedes comenzar a crear un cronograma diario de tiempo bloqueado que coincida con tu trabajo de mayor prioridad y tus horas productivas máximas.

Las prioridades son geniales. Pero recuerda ser realista sobre cuánto trabajo puedes hacer cada día. Cuando priorizas tu trabajo correctamente, tienes la garantía de tener un buen día.

Y sí, llegar al final del día y ver que has realizado un trabajo importante es una sensación increíble. Pero no siempre es posible.

Las tareas tardan más de lo esperado. Surgen interrupciones. Y nuestros días se llenan de reuniones y charlas. Entonces, si bien es bueno saber cómo priorizar tu trabajo más valioso, también debes ser realista acerca de cuánto se puede hacer realmente.

De esta manera, terminarás el día sintiéndote bien por el progreso que hiciste y como si pudieras alejarte y tomarte un merecido descanso, pues esto es una parte sumamente importante del balance entre el trabajo y la vida.

11

Cuida tus relaciones laborales

Puedes dañar tu carrera y tus relaciones laborales por las acciones que realizas y los comportamientos que exhibes con tus compañeros de trabajo. No importa tu educación, tu experiencia, tu personalidad o tu título, si no puedes jugar bien con los demás, nunca lograrás tu misión laboral, y esto también es importante para el equilibrio en tu vida.

Las relaciones interpersonales efectivas son la clave del éxito, forman la piedra angular para el éxito y la satisfacción con tu trabajo y tu carrera. ¿Qué tan importantes son las relaciones laborales efectivas? Forman la base de las oportunidades de promoción, los aumentos salariales, el logro de objetivos y la satisfacción laboral.

Hay diversos estudios que se centran en los indicadores de satisfacción laboral.

· · ·

Se ha descubierto que tener un mejor amigo en el trabajo es una de las doce preguntas clave que se les debe hacer a los empleados que parecen tener satisfacción laboral. Sin un buen amigo o amigos en el trabajo, la satisfacción laboral de los empleados se deteriora.

Un supervisor que trabajaba en una empresa de varios cientos de personas rápidamente se ganó la reputación de no llevarse bien con los demás. Recopiló datos y los usó para encontrar fallas, culpar y hacer quedar mal a otros empleados. Disfrutaba identificando problemas y patrones de problemas, pero rara vez sugería soluciones.

Este hombre molestaba a su supervisor semanalmente por un título más grande y perseguía más dinero para poder decirles a los otros empleados qué hacer. Cuando anunció que estaba buscando trabajo, ni un solo empleado sugirió que la empresa tomara medidas para convencerlo de que se quedara.

Había quemado sus puentes a lo largo del camino. Y nadie tenía una buena palabra que decir sobre él cuando otro empleador que estaba verificando referencias se cruzaba en su camino. Esto no es lo que quieres para tu vida.

Estas son las siete formas principales en las que puedes jugar bien con los demás en el trabajo, pues forman la base para construir relaciones de trabajo interpersonales efectivas. Son acciones que deseas tomar para crear un ambiente de trabajo positivo, empoderador y motivador para las personas:

Lleva las soluciones sugeridas a los problemas que se presenten en la mesa de reuniones

Algunos empleados pasan una cantidad excesiva de tiempo identificando problemas. ¿Honestamente? Esa es la parte fácil. Las soluciones bien pensadas son el desafío que ganará el respeto y la admiración de tus compañeros de trabajo y jefes.

Tu voluntad de defender tu solución hasta que el equipo decida un enfoque diferente o mejorado también es una ventaja. Tu compromiso con la implementación de la solución finalmente seleccionada también es importante en la generación de ideas.

Nunca juegues el juego de la culpa

Alienas a tus compañeros de trabajo, supervisores y personal de informes.

Sí, es posible que debas identificar quién estuvo involucrado en un problema, incluso puedes hacer la pregunta recomendada de: ¿qué pasó con el sistema de trabajo que provocó el fracaso del empleado? El sistema es la fuente de la mayoría de los problemas.

Tu comunicación verbal y no verbal es importante

Si hablas con desprecio a otro empleado, usas sarcasmo o suenas desagradable, el otro empleado lo escucha. Los seres humanos son máquinas de radar que examinan constantemente el entorno tanto en la comunicación verbal como no verbal. Cuando le hablas a otro empleado con falta de respeto, el mensaje llega alto y claro.

En una organización, un gerente de alto nivel le hizo una vez esta pregunta a un consultor: *"Sé que no crees que deba gritarles a mis empleados. Pero a veces, me hacen enojar tanto. ¿Cuándo es apropiado que les grite a los empleados?"* ¿La respuesta? Nunca, por supuesto, si el respeto por las personas es un sello distintivo de tu organización, lo que debería ser, y lo es en las empresas de gran éxito.

Nunca dejes de lado a un compañero de trabajo, jefe o miembro del personal de informes

Si la primera vez que un compañero de trabajo se entera de un problema es en una reunión de personal o por un correo electrónico enviado a su supervisor, lo has sorprendido. Siempre discute los problemas primero con las personas directamente involucradas que son dueñas del sistema de trabajo.

Nunca construirás alianzas de trabajo efectivas a menos que tus compañeros de trabajo confíen en ti, y emboscar a tus compañeros no es precisamente la manera de lograrlo. Sin alianzas, nunca lograrás las metas más importantes para tu trabajo y carrera. No puedes hacerlo solo/a, así que trata a tus compañeros de trabajo como esperas que te traten a ti.

Mantén tus compromisos

En una organización, el trabajo está interconectado. Si no cumples con los plazos y compromisos, afectas el trabajo de otros empleados. Siempre mantén los compromisos y, si no puedes, asegúrate de que todos los empleados afectados sepan lo que sucedió, proporciona una nueva fecha de vencimiento y haz todos los esfuerzos posibles para cumplir con la nueva fecha límite.

No está bien que una organización simplemente permita que los plazos se pasen tranquilamente.

Tus compañeros de trabajo, incluso si no te confrontan, pensarán menos de ti y no tomarán en serio tus acciones. Y, no, no creas ni por un segundo que no se dieron cuenta de que había pasado el plazo. Los insultas si siquiera consideras la posibilidad de que no se hayan dado cuenta.

. . .

Comparte el crédito por logros, ideas y contribuciones

¿Con qué frecuencia logras una meta o completas un proyecto sin la ayuda de otros? Si eres gerente, ¿cuántas de las grandes ideas que promueves fueron aportadas por miembros del personal?

Tómate el tiempo y gasta la energía para agradecer, recompensar, reconocer y especificar las contribuciones de las personas que te ayudan a tener éxito. Es un enfoque sin fallas para construir relaciones de trabajo efectivas.

Compartir crédito; desviar la culpa y el fracaso.

Ayuda a otros empleados a encontrar su grandeza

Todos los empleados de tu organización tienen talentos, habilidades y experiencia.

Si puedes ayudar a tus compañeros de trabajo a aprovechar sus mejores habilidades, beneficiarás enormemente a la organización. El crecimiento de los empleados individuales beneficia al conjunto.

. . .

Felicita, elogia y observa sus contribuciones. No es necesario ser gerente para ayudar a crear un entorno positivo y motivador para los empleados; en este ambiente, los empleados sí encuentran y aportan su grandeza en la búsqueda del cumplimiento de los propósitos y metas de la organización.

Siempre recordarán que fuiste parte de sacar lo mejor de ellos. Esas relaciones laborales interpersonales son apreciadas y te ayudarán no solo a crecer, pero a encontrar aliados para mejorar todos los aspectos de tu vida y llegar al equilibrio.

12

Cuidado con el trabajo
desde casa

DONDE ALGUNOS PUEDEN AMAR TRABAJAR desde la comodidad de casa, otros luchan; especialmente aquellos que no estaban acostumbrados antes, pero ahora se ven obligados a hacerlo. Es por eso que también es importante buscar un equilibrio saludable entre el trabajo y la vida personal mientras trabajas desde casa.

Trabajar desde casa puede ser genial, ofrece grandes cantidades de flexibilidad, sin mencionar la opción de trabajar en pantalones de chándal. Pero también presenta algunos desafíos, especialmente para aquellos que inesperadamente tuvieron que ajustar su situación laboral.

Ahora que la mesa de la cocina es tu oficina en casa y la cocina tu comedor, puede ser difícil mantener un equilibrio saludable entre el trabajo y la vida.

. . .

Lo que a su vez puede conducir al agotamiento por exceso de trabajo o al ausentismo innecesario debido a la falta de motivación. Entonces, ¿cómo lo haces?

Establece tu espacio de trabajo ideal

Cuando se trata de trabajar desde casa, a menudo se te dice que te "sientes en una habitación tranquila y apagues la televisión y el teléfono". Y aunque para algunos esto puede funcionar, no todos funcionan igual. Mientras que una persona necesita estar libre de distracciones para concentrarse, otras pueden disfrutar de un poco de ruido de fondo.

Así que tenlo en cuenta a la hora de decidir dónde vas a trabajar. Ya sea en tu sala de estar con el televisor o la radio encendidos, o en la tranquila oficina de tu hogar: construye un espacio de trabajo que te permita ser productivo/a durante el día.

Limpia tu espacio de trabajo al final del día

¿Has construido tu espacio de trabajo ideal? ¡Estupendo!

Ahora límpialo.

· · ·

Naturalmente, si tienes una oficina o una habitación dedicada al trabajo en casa, puedes simplemente salir y cerrar la puerta. Pero si estás trabajando justo en el medio de tu espacio vital, te enfrentas constantemente a tu trabajo durante tu tiempo privado.

También puede tentarte o incluso presionarte para que hagas un poco más de trabajo; según un estudio realizado por la Oficina Nacional de Economía entre 21,000 empresas en tres continentes. Las personas agregaron 48 minutos adicionales a su jornada laboral desde el comienzo de la pandemia de 2020. Así que guarda esa computadora portátil cuando termine el día; puedes configurarla nuevamente mañana.

No necesitas 8 horas de concentración ininterrumpida

¿Puedes alejarte de tu escritorio mientras estás en el trabajo?

¿Tomar un pequeño descanso, tomar un refrigerio, tener una pequeña charla con tus colegas sobre el fin de semana?

Por tu bien, espero que sí. Y la mayoría de la gente puede hacerlo.

Si tu empleador es humano, probablemente no espera que estés encadenado/a en tu escritorio durante 8 horas seguidas al día. Entonces, ¿por qué haces eso en casa? Hay una cantidad sorprendente de personas que trabajan desde casa que pueden hacer afirmaciones como: *"eran las cuatro antes de que me diera cuenta de que no había tomado una copa en todo el día"* o *"me olvidé por completo de almorzar".*

No, eso no es bueno, no puedes mantener eso a largo plazo. Tómate un descanso, tómate un respiro. Pasea a tu perro, medita, haz un poco de estiramiento. Tienes pequeños descansos en la oficina todos los días, así que tómalos también en casa.

Planifica tus descansos

Este consejo sigue perfectamente al último. Mientras que algunas personas sienten que tienen que estar completamente enfocadas cada minuto de su jornada laboral en casa, otras simplemente lo están. Se concentran tanto en su trabajo que se olvidan de tomar un descanso.

Por eso, al comienzo del día, programa tus descansos. Tal vez incluso configura una alarma, para que te lo recuerde.

El tiempo de trabajo es tiempo de trabajo, el tiempo de descanso es tiempo de descanso.

· · ·

Comprometerte con estos descansos no solo garantiza que realmente los tengas, sino que también funciona como un motivador para volver al trabajo al final. Porque un trato es un trato, ¿verdad?

Haz y programa una lista de tareas pendientes

Hablando de comprometerte a hacer tratos contigo mismo/a, tener una lista de cosas por hacer a la que apegarte puede ayudarte bastante. Te escucho pensar: sí, ayuda a trabajar desde casa, pero, ¿cómo me ayudará con mi equilibrio entre el trabajo y la vida?

Bueno, ¿alguna vez has experimentado un día en el que todo el mundo parece necesitar algo de ti, preferiblemente ahora mismo? Estás ocupado/a todo el día, pero al final, no terminas ninguna de tus tareas. Lo que puede obligarte a terminar tu propio trabajo después de horas.

No solo hacer una lista de tareas pendientes, sino también programar un tiempo dedicado para cada tarea, puede ayudarte a planificar tu día y hace que sea más fácil decir 'no' a tus colegas.

Aclaremos que no te estoy diciendo que no ayudes a tus colegas o que no intervengas en asuntos urgentes, pero hay muchas tareas que pueden esperar hasta el día siguiente (o el siguiente, o el siguiente). Si la tarea no es urgente, anótala en el momento en que realmente tengas tiempo para ella.

· · ·

Renuncia cuando no esté progresando

Todo el mundo tiene días malos. Esos días en los que estás mirando el reloj o sigues mirando documentos sin absorber ninguna información. Puedes seguir mirando y fulminando con la mirada miserablemente hasta que termine el día de trabajo, o simplemente puedes detenerte. No vas a hacer nada ese día de todos modos.

Y no, no es lo mismo que hacer novillos, siempre y cuando te pongas al día en otro momento (aunque probablemente sea prudente consultar con tu gerente o empleador si esto está bien). Cuando al día siguiente todo vaya bien y estés realmente concentrado/a en tu trabajo, recupera el tiempo perdido en un momento en el que realmente seas productivo/a.

Establece nuevos rituales y rutinas

Levántate, prepárate y ve a trabajar: un flujo con el que muchas personas están familiarizadas. Lo mismo que llegar a la oficina, encender la computadora y tomar una taza de café. O bloquear tu computadora, almorzar y dar un paseo. Entiendes la esencia: nosotros, las personas, somos animales rutinarios, y con las modalidades de trabajo híbridas para muchas personas esta rutina ya no existe.

. . .

¡Así que crea uno nuevo! Por ejemplo, para muchas personas, el viaje al final del día es una forma de "apagar" el trabajo y relajarse un poco, antes de tener que cambiar a sus responsabilidades domésticas, como ir de compras. Reemplaza este momento con un nuevo ritual o rutina; tal vez una pequeña caminata, un poco de ejercicio, leer un capítulo de un libro o encender la música y tener una pequeña fiesta de baile contigo mismo/a, lo que sea que funcione para ti.

Tómate un tiempo para ti por las mañanas

Como se dijo antes, todos tenemos nuestras rutinas. Pero no lo conviertas en uno para rodar de la cama directamente a la silla de tu escritorio. Por las mañanas, tómate un poco de tiempo para ti mismo/a, como lo harías si fueras a la oficina. Dúchate, desayuna, tómate un café en el patio trasero. Empieza el día contigo, y no con tu trabajo.

Programa tiempo para la socialización

El trabajo no es estrictamente 100% trabajo, al menos no para la mayoría de las personas. También tiene un aspecto social. Te mantiene motivado/a, mantiene el espíritu de equipo y te da la energía para enterrarte en el trabajo todo el día, todos los días.

. . .

De forma remota, es fácil olvidar cuánto tiempo al día dedicas a una pequeña charla y cuánto valor tiene realmente. Así que programa estos momentos. Toma bebidas virtuales el viernes por la tarde, y si tienes una pregunta para alguien, aprovecha la oportunidad para llamarle y preguntarle sobre su día (aunque podría ser una buena idea preguntar si es un buen momento, primero).

13

¡Trabaja en ti!

MUCHAS de las personas de negocios más influyentes ponen gran énfasis en buscar el crecimiento y el avance profesional.

A pesar de estar en el apogeo de su carrera, todavía encuentran tiempo para ampliar sus horizontes y liberar aún más su potencial interior.

Entonces, ¿cuál es la esencia del "crecimiento personal"?

¿Cuál es la definición de crecimiento personal? ¿Cómo puedes saber cuándo lo has logrado? El crecimiento personal es un mecanismo de crecimiento psicológico, emocional, social y espiritual que ocurre durante toda la vida.

. . .

El poder del desarrollo personal reside en su potencial ilimitado. Puedes desarrollar habilidades en numerosas áreas que despierten tu curiosidad e ir tan lejos y en profundidad como desees. Al esforzarte continuamente por aumentar sus fortalezas, logros y curiosidad, estarás en el camino hacia una vida excepcional y plena.

Todo el mundo es bueno en algo, pero nadie es bueno en todo, ¡y eso está bien! Tener nuestras propias fortalezas y debilidades nos hace únicos. Es esencial tener una buena comprensión de tus habilidades y capacidades para identificar objetivos de crecimiento personal que tengan sentido para ti.

Tus talentos son herramientas que puedes maximizar para ayudarte a impulsarte hacia adelante. Tus defectos, por otro lado, no son tu perdición. Estas son áreas que puedes mejorar y desarrollar en lugar de considerarlas deficiencias.

El primer paso para lograr el crecimiento personal es conocer cuáles son estas áreas para poder empezar a trabajar.

Puede ser una práctica poderosa e inspiradora visualizar el desempeño, así que tómate un poco de tiempo para hacerlo ahora.

. . .

¿Cómo mejorará tu vida y tu carrera la mejora de cualquiera de tus debilidades? Por ejemplo, supongamos que tienes problemas para llegar a tiempo. Esto puede ser una debilidad y puede hacerte lucir poco confiable e irresponsable.

Una de las ventajas de revertir este patrón es que te verás más confiable y atento/a, simplemente teniendo conciencia de ti mismo/a y esforzándote. Esto es excelente para las relaciones interpersonales, pero apegarte a estos cambios y hacer un esfuerzo para llevarlos a cabo es cuando logras el crecimiento personal.

Cuando comprendas lo que no funciona y realices los ajustes, esto beneficiará tu carrera y tu vida personal a largo plazo. Sin embargo, es importante entender que el crecimiento personal no se logra en un tiempo determinado, es un proceso activo.

Como seres humanos, siempre estamos creciendo y buscando formas de mejorar. Esto significa que nuestras fortalezas y debilidades también cambian constantemente.

Mantenerte en contacto contigo mismo/a asegurará que te mantengas en el camino correcto para convertirte en tu mejor versión.

· · ·

Otro punto importante es celebrar cada logro, pequeño o grande. Tomarte un descanso de trabajar en ti mismo/a para reconocer cuándo has alcanzado un hito es vital para mantenerte motivado/a. Si te permites pensar en la falta de progreso o en los errores, no solo estás dañando tu forma de pensar, sino que estás limitando tu potencial en el proceso.

La desmotivación puede venir porque no somos conscientes de lo lejos que están de nosotros nuestras metas. Suponemos erróneamente que, si bien el final puede estar realmente a la vuelta de la esquina, todavía está demasiado lejos, algo de lo que nunca nos daríamos cuenta si nos diéramos por vencidos. En todas las áreas de crecimiento personal, hay una cosa que es cierta: nunca es posible saber realmente qué tan cerca estás.

Por lo tanto, asegurarte de disfrutar de tus hitos (grandes o pequeños) a lo largo del camino es crucial para tu éxito. Reconocer estos hitos proporciona y refuerza ciclos de retroalimentación positiva y libera hormonas que nos dan un sentimiento de orgullo. También nos proporciona la motivación para desear nuestro próximo éxito. Celebrar las pequeñas victorias lleva a lograr grandes objetivos.

Otra área importante a cultivar es el mantenerte curioso/a.

La curiosidad está en la raíz de todo conocimiento: no hay desarrollo, innovación o expansión sin el deseo de aprender y comprender. La curiosidad inspira la inventiva y la imaginación, nos inspira a ir más allá de nuestros miedos y alcanzar logros.

De hecho, uno de los mejores barómetros que has quemado de un trabajo, carrera o proyecto es la pérdida de curiosidad. Entonces, una de las áreas más importantes de crecimiento personal en la que puedes tener éxito es aumentar tu curiosidad.

Cuando nos enfrentamos al potencial de aprender algo nuevo, ¿cómo nos aseguramos de aprovechar al máximo la oportunidad? Acércate a éste con una curiosidad desenfrenada. Esto significa tener apertura a aprender, desaprender y volver a aprender. Significa hacer preguntas y eliminar suposiciones.

Pero, ¿cómo se ve esto? ¿Cuáles son algunos ejemplos reales de crecimiento personal que aprovechan esta curiosidad?

Para ti, se parece a explorar lo que sea que te atraiga: lee ese libro sobre el espacio, asiste a ese seminario web de cocina, busca en Google esas preguntas extrañas e interesantes que tienes.

Regresarás con una gran cantidad de información a medida que tu intuición te lleve a lo desconocido. Extenderás los límites de tu mente. Cuanto más absorbas y aprendas, más querrás saber. Serás guiado/a hacia otra tarea estimulante por cualquier nuevo conocimiento.

Seguramente perderás la curiosidad si simplemente aceptas el universo tal como es sin cuestionarlo. No creas todo lo que escuchas y lees, trata de cavar más profundo debajo de la superficie de lo que te rodea y luego llévalo hacia adentro.

Pregúntate: ¿Qué te hace cuestionarte? ¿Qué te impulsa? ¿Qué te desafía? Desarrolla un "inventario de curiosidades": haz una lista de todas estas cosas en la herramienta que elijas, ya sea un diario en papel, una herramienta de software, un tablero de visión, etc. Luego haz un plan para investigarlas a lo largo del tiempo. Algunos pueden convertirse en callejones sin salida, otros pueden convertirse en viajes de por vida.

Conforme avance tu camino, apunta a la progresión, no a la perfección. Tener la mentalidad y la perspectiva correctas de tus objetivos y dónde te encuentras en relación con ellos es crucial. Si te esfuerzas por la perfección, y solo por la perfección, nunca podrás ver o apreciar lo lejos que has llegado.

Sí, hasta cierto punto, tener una mentalidad perfeccionista puede tener su beneficio, sin embargo, exagerar puede convertirse en un perjuicio para ti y las personas que te rodean. Evalúa continuamente tu crecimiento, no la meta. Esto te ayudará a recordar que has recorrido un largo camino desde donde empezaste, ¡y el progreso es un logro en sí mismo!

La razón más común por la que las personas luchan con la perfección en lugar del progreso y el crecimiento es el miedo al juicio o al fracaso. Esto puede hacer que te conviertas en tu peor enemigo/a, quitándote la inspiración para probar cosas nuevas.

Recuerda que recibir más comentarios te hará más resistente a recibir críticas. ¡Pide a las personas que te digan lo que piensan! La verdad es que en realidad van a ser más útiles de lo que pensabas, o te darán la motivación para demostrar que están equivocados. Sentirte cómodo/a escuchando los pensamientos de los demás, buenos o malos, es una forma segura de asegurarte de que estás progresando.

Tener miedo al fracaso puede ser muy agotador. Un remedio aquí es fomentar una mentalidad de desarrollo, donde asumes que no hay fracaso, solo aprendizaje.

Recuerda que puedes confiar en ti mismo/a, aunque a veces puedas fallar.

Confía en que las habilidades que posees son adecuadas para superar cualquier obstáculo que encuentres. Y que otras personas también te apoyarán, si tus talentos no te llevan hasta allí por ti mismo: tu círculo de apoyo debe impulsarte y motivarte.

Para concluir este punto, cuando el cambio se sienta lento, deja de castigarte. En su lugar, concéntrate en hacer una ligera mejora cada día. Los ajustes positivos menores pero consistentes eventualmente se sumarán y te llevarán a donde quieres estar. El progreso, no la perfección, es la única forma de cerrar la brecha entre tu capacidad y tu ambición.

Tener este conocimiento combinado con la autoconciencia establecerá una comprensión realista de ti mismo/a y cómo impulsarte continuamente hacia adelante. Todos hemos sentido que estamos dando un paso adelante y dos pasos atrás a veces, sin embargo, entender que esto es normal y que todavía se considera progreso esta diferencia entre el crecimiento y la decadencia.

¡Anhela el conocimiento, entiende que nadie es perfecto, progresa y celebra tus pequeñas victorias en el camino!

Ahora podrás saber qué te inspira, obtener las herramientas para prepararte para el éxito y, en última instancia, tener una mejor perspectiva de la vida, garantizado. Si has aplicado todos los consejos previos, te irá aún mejor, ¡pues tendrás el tiempo y la mentalidad adecuados para lograrlo!

Cada uno es responsable de su propio crecimiento personal.

. . .

Si te comprometes a tomar medidas, elaboras una estrategia para cumplir con tus tareas y te mantienes responsable, sin duda comenzarás a ver mejoras significativas dentro de ti en poco tiempo. El camino hacia la superación personal es un proceso de toda la vida.

Conclusión

Las cuentas por pagar, la idea del éxito, la búsqueda de aumentos y promociones, las expectativas (propias y ajenas), el imparable ritmo de trabajo, los miles de pendientes acumulados…

¡Hay tanto que hacer que se siente que estás enloqueciendo! Y con justa razón.

Hay mucho más en la vida que el trabajo, y a pesar de la gran competencia que existe en el mundo, seguramente llegados a este punto te has dado cuenta de que lo más valioso se te está escapando de las manos. Sí, el trabajo es importante. Hay muchos otros aspectos en tu día a día que son igual de importantes.

Puedes establecer comportamientos y hábitos saludables que te ayuden a encontrar ese balance que tanto necesitas en tu vida.

Seguramente llegaste a este libro trabajando muchas más horas de las que te correspondían, haciéndote cargo de tareas que no eran tuyas y dedicando tu vida a tu organización, pero ahora tienes las herramientas para poner límites, gestionar tu tiempo y cuidar a tu persona.

Como la persona adulta responsable que eres, puede que los límites entre lo adecuado y lo no saludable se hayan sentido borrosos, pero ahora debes entender que tienes una sola prioridad: tú. Cuidarte a ti, ver por ti, mejorar para ti.

Descuidarte a ti mismo/a por enfocarte únicamente en el trabajo tendrá repercusiones no solo en tu relación contigo, tus relaciones interpersonales y tus metas de vida, sino que irónicamente también tendrá un mal efecto en el trabajo mismo.

Eres capaz de dar dos pasos atrás, evaluar tu vida, evaluar cómo estás manejando tu tiempo, cómo te relacionas con tus compañeros de trabajo, qué tanto respetas tus límites y tus deseos y lo mucho o poco que te estás cuidando. Eres capaz de realizar cambios y equilibrar todos los aspectos de tu vida.

Claro, este proceso llevará tiempo. No desaprendemos de la noche a la mañana, pero si algo es cierto, es que cuentas con la motivación, las herramientas y la capacidad de alcanzar poco a poco pequeños logros y construir tu vida soñada.

No solo es necesario; ¡lo mereces!

Vale la pena que trabajes por y para ti. Así que, ahora que lo sabes, no queda más que hacer que poner las manos a la obra. Inténtalo, una y otra vez, hasta que lo logres por completo. Recuerda que es un ciclo, y que tendrás que trabajar continuamente en ti, pero créeme, ¡vale la pena!

Referencias

Lupu, I., Ruiz-Castro, M. 2021. "Work-life balance is a cycle, not an achievement" en *Harvad Business Review*. Recuperado de https://hbr.org/2021/01/work-life-balance-is-a-cycle-not-an-achievement

N.D. "Work-life balance and quality: statistics and facts" en *Clockify*. Recuperado de https://clockify.me/work-life-quality-balance

Kojic, M. 2022. "The importance of time management" en *Clockify*. Recuperado de https://clockify.me/blog/productivity/importance-time-management/

Schooley, S. 2021. "10 ways to become a better leader" en *Business News Daily*. Recuperado de https://www.businessnewsdaily.com/4991-effective-leadership-skills.html

Pasricha, N. 2018. "Why you need an untouchable day every week" en *Harvard Business Review*. Recuperado de https://hbr.org/2018/03/why-you-need-an-untouchable-day-every-week

Britt, R. 2020. "Want to be a better business owner? Take some time off" en *Chamber of Commerce*. Recuperado de https://www.uschamber.com/co/grow/thrive/importance-of-time-off-interview

Fowlie, K. 2017. "How to make the most of your day off" en *29 secrets*. Recuperado de https://29secrets.com/wellness/how-to-make-the-most-of-your-day-off/

Nawaz, S. 2020. "Working Through a personal crisis" en *Harvard Business Review*. Recuperado de https://hbr.org/2020/07/working-through-a-personal-crisis

Smith, J.M. 2022. "What to do if you're struggling with your mental health at work" en *NPR*. Recuperado de https://www.npr.org/2022/03/08/1085193816/mental-health-issues-at-work-resources

Thomas, L. 2021. "Importance of a work-life balance" en *News Medical*. Recuperado de https://www.news-medical.net/health/Importance-of-a-Work-Life-Balance.aspx

N.D. "8 ways to establish healthy boundaries at work" en *Career Contessa*. Recuperado de https://www.careercontessa.com/advice/healthy-boundaries-at-work/

N.A. 2017. "Five ways to prioritize sleep and wake up a better employee" en *Forbes*. Recuperado de https://www.forbes.com/sites/ellevate/2017/11/29/five-ways-to-prioritize-sleep-and-wake-up-a-better-employee/?sh=1b059a37249c

MacKay, J. 2020. "The everything is important paradox: 9 practical methods for how to prioritize your work (and time)" en *Rescue Time*. Recuperado de https://blog.rescuetime.com/how-to-prioritize/

Heathfield, S. 2021. "How to develop efective work relationships" en *The Balance Careers*. Recuperado de https://www.thebalancecareers.com/developing-effective-work-relationships-1919386

Modijefsky, G. 2020. "9 tips to maintain work-life balance while working from home" en *Workspace 365*. Recuperado de https://workspace365.net/en/9-tips-to-maintain-work-life-balance-while-working-from-home/

Reid, K. 2021. "How to achieve personal growth" en *Integrify*. Recuperado de https://www.integrify.com/blog/posts/how-to-achieve-personal-growth/